Linda Briendl

Bilder als Sprache der Seele

Linda Briendl

Bilder als Sprache der Seele

Sich selbst entdecken durch Malen und Gestalten

Vorwort von Verena Kast

Patmos

Bibliografische Information der Deutschen Nationalbibliothek

Die Deutsche Nationalbibliothek verzeichnet diese Publikation in der Deutschen Nationalbibliografie; detaillierte bibliografische Daten sind im Internet über http://dnb.d-nb.de abrufbar.

Umschlaggestaltung: init . Büro für Gestaltung, Bielefeld
Printed in Germany
ISBN 978-3-491-40110-5
www.patmos.de

Inhalt

Die Kraft des Schöpferischen kann nicht genannt werden.
Sie bleibt letzten Endes geheimnisvoll.
Doch ist es kein Geheimnis, was uns nicht grundlegend erschütterte.
Wir sind selbst geladen von dieser Kraft bis in unsere feinsten Teile.
Wir können ihr Wesen nicht aussprechen,
aber wir können dem Quell entgegengehen,
so weit es eben geht.

Paul Klee

Vorwort

C. G. Jung schrieb: »Die Fantasie als imaginative Tätigkeit ist für mich einfach der unmittelbare Ausdruck der psychischen Lebenstätigkeit, der psychischen Energie, die dem Bewusstsein nicht anders als in Form von Bildern oder Inhalten gegeben ist […].« (Jung, Definitionen, in: GW 6, § 869.)

Bilder sind die Sprache der Seele, Ausdruck unserer psychischen Bewegungen und Entwicklungen. Über unsere Bilder lernen wir uns immer wieder neu kennen; über Bilder, die wir gestalten, verändern wir uns auch. Das Bild, das wir uns von uns machen, verändert uns; das Bild, das wir von anderen machen, verändert die anderen in unseren Augen, vielleicht sogar in ihren eigenen Augen. In den Bildern werden Emotionen ausgedrückt und gestaltet; die gestalteten Bilder wirken wieder auf unsere Emotionalität zurück und können sie verändern. Das menschliche Leben ist von Anfang bis zum Ende von Emotionalität begleitet: im Wachen und im Träumen. Jede Erfahrung ist verknüpft mit Emotion, einschneidende Lebenserfahrungen mit eindrücklichen Emotionen. Wandlung, Veränderung geschieht durch Emotion – und das spüren wir auch, wenn wir etwa sagen: »Jetzt bin ich plötzlich wieder heiter.« Oder: »Ich kann mich jetzt in der richtigen Situation ärgern.« Wenn wir unsere Emotionen spüren und unsere Gefühle wahrnehmen können, dann sind wir bei uns selbst, fühlen wir uns echt und vital.

Es ist zentrales Anliegen jeder psychodynamischen Psychotherapie – d. h. der Therapieformen, die sich mit dem Unbewussten beschäftigen –, Emotionen zu erleben, zu regulieren, zu differenzieren und sie als Gefühle immer bewusster wahrnehmen zu können. Ohne Emotion verändert sich in einer Psychotherapie gar nichts, und das gilt wohl auch für das Leben ganz allgemein.

Emotionen und Gefühle ermöglichen uns aber auch eine Orientierung in der Welt. Erleben wir Angst, dann sind wir vorsichtig. Freuen wir uns dagegen, dann sind wir eher vertrauensvoll. So gibt uns jede Emotion intuitiv – mehr noch, wenn wir sie bewusst wahrnehmen – Hinweise, wie wir mit uns selbst, mit anderen Menschen und der Welt vernünftig umgehen können. Gelingt es uns, unsere Emotionen, die ja weitgehend unsere Handlungen steuern, als Gefühle wahrzunehmen, haben wir auch einen Hinweis dafür, wie wir mit unseren Schwierigkeiten umgehen könnten. Indem wir malend unsere Emotionen darstellen, können wir sie sowohl als Gefühle als auch in ihrem weiteren Bedeutungs- und Handlungskontext, in unseren Lebenszusammenhängen, wahrnehmen.

Malend drücken wir nicht nur aus, was uns vielleicht noch unbewusst oder halbbewusst ist, uns aber emotional bewegt oder gar umtreibt, sondern wir gestalten auch die Emotionen, wir verändern, wir schaffen aus einem Körpergefühl heraus etwas Sichtbares. So wird Eigenwirksamkeit erlebbar – ein wesentlicher Aspekt eines guten Selbstwertgefühls –, und es wird zudem sichtbar, was in uns vorgegangen ist und was in uns vorgeht, sichtbar für uns und für andere Menschen. Was psychisch eine Potenzialität war, wird Realität, wird sichtbar, wird greifbar, wird auch angreifbar. Dazu kann man stehen, muss man stehen. Ein Drang von innen, das, was psychisch ansteht, hat Gestalt angenommen, kann angesehen, verstanden und verändert werden. Es geht dabei um schöpferische Prozesse, so wie sie bei jedem Menschen angelegt und wie sie auch entwickelt werden können. Es geht natürlich nicht darum, dass wir von uns verlangen, Künstler und Künstlerinnen zu werden.

Aber gerade auch die Bilder der Kunst sind beim Umgang mit Bildern von großer Bedeutung. Kultur ist eine bedeutende Ressource für uns Menschen. Denken wir daran, wie viele Bilder im Laufe der Zeit schon gemalt worden sind, wie viele Skulpturen hergestellt wurden! In einem Menschenleben kann man immer nur einige wenige wahr- und in sich aufnehmen. Bilder, die zu uns sprechen, die uns emotional berühren, wecken eine Resonanz in unserer eigenen Psyche, lösen Emotionen aus, sammeln Assoziationen, die für uns im Moment wichtig sein können, sonst würde uns das Bild nicht so berühren. Was uns berührt, das geht uns auch an.

Indem wir in Kontakt treten zu solchen kulturellen Erzeugnissen, die unser Interesse zu fesseln vermögen, wird unsere eigene Imagination, unsere Vorstellungskraft, aktiviert. Wir verstehen die Lebensthemen, die bei uns anstehen, in Resonanz zu dem, wie Menschen »immer schon« mit diesen Themen umgegangen sind. Resonanz heißt »zurücktönen«. Töne sind Schwingungen, deshalb meint »zurücktönen« auch, dass sich Schwingungen einander vermitteln, dass man mitschwingen kann, dass Bilder des persönlichen Lebens mit Bildern der Kultur und damit auch des kollektiven Unbewussten abgeglichen werden und einander beeinflussen können. Dadurch wird die Bilderwelt in unserer Psyche belebt; Erinnerungsbilder und Sehnsuchtsbilder werden lebendig. Wir fühlen uns wieder lebendiger, spüren unsere Gefühle wieder besser und sind dadurch näher bei uns selbst, haben aber auch neue Themen, die uns interessieren, die wir reflektieren. Wir erfahren in der Folge unser Leben als sinnvoll, erleben Sinn.

Es ist unser Vorstellungsraum, der durch die Resonanz mit diesen kulturellen Erzeugnissen geöffnet wird und unsere eigenen Imaginationen, unsere Fantasien anregt. Damit werden Möglichkeiten zur Veränderung oder zumindest Hoffnung auf Veränderung in uns freigesetzt. Das Reflektieren über die Inhalte kann zu psychologischen Einsichten verhelfen, die uns auch wiederum Kompetenzen erschließen, um mit den vielen anstehenden Veränderungen in unserem Leben umzugehen.

Bilder können Seelennahrung sein, etwas, das uns belebt, erfüllt, uns etwas Bedeutsames für unser Leben vermittelt. Bilder beleben unsere Seele, weil sie auch unsere Gefühle ansprechen und auch wieder neue Bilder in unserer Psyche wecken.

Linda Briendl bringt in diesem Buch den Leser, die Leserin aus vielen Perspektiven mit Bildern, mit dem Schöpferischen und damit auch mit sich selbst in Kontakt. Immer wieder neu gibt sie Anregungen dazu. Die Fragen, die sich durch den Text ziehen, zielen auf so etwas wie eine »Biografie des Malens« ab. Für die, die keine haben und sich daher vielleicht zunächst etwas armselig vorkommen, sei betont: Es ist nie zu spät, mit einer Biografie des Malens oder auch mit einer Biografie des Verinnerlichens von Bildern von Künstlern und Künstlerinnen zu beginnen.

Das Buch ermutigt dazu, zum eigenen Ausdruck, zur eigenen Fähigkeit zu stehen. Natürlich genügen wir alle nicht unseren Ansprüchen, die wir gerade beim bildnerischen Gestalten sehr hoch geschraubt haben – und wenn nicht wir selbst, dann andere –, sodass wir ihnen nicht entsprechen konnten und uns lächerlich gemacht haben. Gelingt es einem, beim Malen zu akzeptieren, dass man tut, was man kann und wie man es kann, und dass das wertvoll ist, so kann diese Haltung auf andere Lebensbereiche übertragen werden: Man lernt, zu sich selbst zu stehen, und das ist hilfreich und entlastend.

In diesem Buch werden Techniken vorgestellt, die in der Jung'schen Psychotherapie angewendet und auch erprobt sind, die nun aber zu Anregungen für alle Menschen werden, die sich gerne mit sich selbst im Medium des Malens auseinandersetzen wollen. Es erscheint mir als sehr wichtig, dass Methoden, die in der Heilbehandlung erfolgreich sind, auch Menschen außerhalb der psychotherapeutischen Praxis zugänglich gemacht werden. Wenn es wirklich so ist, dass in unserer Zeit immer mehr die Außenwelt, das Äußere und auch das Äußerliche so wichtig sind und die Innenwelt zu verkümmern droht, dann ist es sinnvoll, Methoden in einer verständlichen Form darzustellen, die Außenwelt und Innenwelt zudem noch lustvoll miteinander verbinden.

Schöpferisch sein zu können ist eine Ressource, eine Quelle, die auch dann noch vorhanden ist, wenn wir den Eindruck haben, dass eigentlich nichts mehr vorhanden ist. Schöpferisch zu sein meint nicht nur zu malen, es bedeutet, überzeugt davon zu sein, dass man schöpferisch mit dem Leben umgehen kann, dass wir zwar immer wieder dem Leben auch ausgeliefert sind, dass wir es aber auch verändern können und zwar in einer Weise verändern können, wie wir es uns nicht vorgestellt haben. Zum Schöpferischen aber findet man in schwierigen Lebenssituationen wesentlich leichter, wenn man es schon immer ein wenig geübt hat. Und dazu regt dieses Buch in vielfältiger Weise an. Die Autorin schreibt aus einem reichen Erfahrungsschatz, den sie so anderen Menschen zur Verfügung stellt.

Ich hoffe, dass sich viele Menschen von diesem stimulierenden Buch anregen lassen.

Verena Kast
St. Gallen, im September 2007

Einleitung

Während der Arbeit an diesem Buch wurde ich einmal in einer Tischrunde gefragt, über welches Thema ich schreibe. Als ich sagte, es gehe darum, wie durch bildnerisches Gestalten und durch die Begegnung mit Kunst die eigene Kreativität weiterentwickelt werden kann, kam spontan von mehreren Anwesenden der Satz: »Also, ich kann überhaupt nicht malen.« Die meisten berichteten dann, sie hätten als Kind gerne gezeichnet und gemalt. Auf meine Frage, warum diese Freude am Ausdruck denn verschwunden sei, erzählten sie Geschichten von frustrierenden Erlebnissen, an die sie sich erstaunlich gut erinnerten.

Ich kenne diesen Satz. »Ich kann nicht malen« antworten auch die Menschen, die zu mir in die Psychotherapie kommen, wenn ich zu Beginn unserer Arbeit erwähne, dass ich neben dem Gespräch auch mit Malen oder mit Bildern aus der Kunst arbeite. Oft antworte ich darauf zunächst lediglich, dass jeder Mensch die angeborene Fähigkeit habe, schöpferisch zu sein – sonst hätte sich das Leben nicht entwickeln können. Diese schöpferische Kraft sei möglicherweise durch verschiedene Umstände im Leben überdeckt worden, sie könne aber durch kreative Methoden wieder zugänglich gemacht werden.

Unser schöpferisches Potenzial zeigt sich durch innere Bilder, wie sie in Träumen, Fantasien oder Vorstellungen erscheinen. Innere Bilder bestimmen unser Denken, Fühlen und Handeln. Schon C. G. Jung betonte, wie heilsam es sei, die Bilder unserer Seele bewusst wahrzunehmen und auszudrücken, weil sie wichtige Ressourcen für unsere persönliche Entwicklung und unsere Lebensbewältigung darstellen. Er hat als Erster die Bedeutung der schöpferischen Prozesse für das psychische Gleichgewicht entdeckt.

In den letzten Jahren wurde auch von der Hirnforschung die Wirkkraft der inneren Bilder nachgewiesen. Neue Erkenntnisse über das subtile Zusammenspiel von Gehirn und Psyche machten die große Bedeutung der Gefühle für alle Gehirn-Prozesse deutlich: Gefühle müssen maßgeblich an allen Veränderungsprozessen beteiligt sein.

Durch Malen wird ein unmittelbarer Zugang zu uns selbst und unseren Gefühlen möglich. Jedes Bild ist auch ein Stück Selbsterfahrung: Wir sind nie der gleiche Mensch, wenn das Bild fertig ist. Wir sind aber auch verbunden mit den archetypischen Urbildern der Menschheitsgeschichte, die unsere Entwicklung ebenfalls beeinflussen. Hinter jedem Bild ist immer noch ein anderes Bild. Durch die Betrachtung dessen, was wir in Form und Farbe ausgedrückt haben, kommen wir mit wichtigen inneren Energiequellen in Kontakt und können unser eigenes Potenzial erkennen.

Kreativität stellt eine wichtige und umfassende Ausrüstung für unsere Lebensbewältigung dar. Ich greife in diesem Buch den Aspekt der künstlerischen Kreativität heraus und lade Sie ein, Ihre eigenen Erfahrungen damit zu machen. Die Belebung der künstlerischen Kreativität hat Auswirkungen auf die praktische Kreativität, mit der wir unser Leben meistern: Selbstverwirklichung ist eine alltägliche Aufgabe.

Der schöpferische Weg ist für jeden Menschen individuell verschieden. Die Entdeckungsreise zu Ihrer eigenen Kreativität können Sie mit den Mitteln des Malens und Gestaltens antreten, Sie können aber auch durch die Auseinandersetzung mit Kunstwerken Ihren Vorstellungs- und Fantasieraum erweitern. Besonders wirksam ist es, wenn Sie beides miteinander verbinden.

Durch die Impulse und Anregungen in diesem Buch möchte ich Ihnen Mut machen, an Ihre eigene Kreativität zu glauben. Ich biete verschiedene Methoden an, die Sie dabei unterstützen sollen, Ihre schöpferische Kraft wiederzuentdecken und zu entwickeln:

Beispiele aus dem praktischen Leben sollen meine Ausführungen anschaulicher machen. Vielleicht werden beim Lesen eigene Erfahrungen und Erlebnisse wieder lebendig oder Sie bekommen Lust, etwas Ähnliches auszuprobieren.

Schöpferische Pausen sind eine Einladung, die Lektüre zu unterbrechen, innezuhalten und sich einen Moment lang zu besinnen. Manchmal richte ich ganz gezielte Fragen an Sie, die Ihre Phantasie anregen sollen. Nehmen Sie sich Zeit, diese Fragen für sich zu beantworten oder sie mit einer vertrauten Person zu besprechen. Das gibt Ihnen Gelegenheit, die Informationen zu verarbeiten, die Sie bisher gesammelt haben, und sich zu neuen Ideen inspirieren zu lassen.

Kreativität wird vor allem im Tun erlebt. Durch verschiedene *Übungen*, die in das Buch eingestreut sind, möchte ich Sie dazu ermuntern, Erfahrungen mit dem bildnerischen Gestalten oder der Kunstbetrachtung zu machen. Die Übungen sind absichtlich sehr einfach gehalten, weil es mir wichtig ist, dass Sie die eine oder andere wirklich ausprobieren. Lassen Sie sich bei der Auswahl von der Freude leiten, mit sich selbst zu experimentieren. Dabei geht es keineswegs darum, ein »schönes Bild« zu malen, sondern darum, dass Sie sich selbst die Erlaubnis geben, so zu malen, wie es für Sie stimmig ist, und wahrzunehmen, wie Sie sich dabei erleben. Die Übungen sind Impulse, die in Ihnen etwas zum Schwingen bringen sollen.

Indem wir unsere gefühlsmäßigen Reaktionen bewusst wahrnehmen, werden die Bilder und Kunstwerke zu Symbolen, die uns mit den schöpferischen Kräften im Unbewussten verbinden. Bildhaft gesprochen wird ein Persönlichkeitsanteil belebt, den ich als »innere Künstlerin« oder »inneren Künstler«, bezeichnen möchte. Mit diesem Teil von sich selbst Beziehung aufnehmen zu können und zu pflegen ist eine wichtige Voraussetzung dafür, die eigene Kreativität zu entfalten.

Die *Bilder* in diesem Buch sind Vermittler dieser Schöpferkraft. Die Bild-Beispiele von Menschen »wie du und ich« und die Kunstwerke, die von Künstlerinnen und Künstlern geschaffen wurden, machen mehr als Worte deutlich, wie stark die Kraft des Schöpferischen ist; sie sollen Sie zu eigenen Gedanken und Gefühlen inspirieren.

Durch den Kontakt mit unserer Seele sind wir im Kontakt mit unseren Ressourcen. Wir fühlen uns lebendiger und bekommen mehr Energien, unser Alltagsleben bewusst zu gestalten, Möglichkeiten zu realisieren und auch schwierigere Probleme des Lebens zu meistern. Auf diese Weise wird das Leben zu einem kreativen Prozess, bei dem wir uns zu der Persönlichkeit entwickeln, als die wir eigentlich gemeint sind. Lebenskunst wird anschaulich, wenn wir uns vorstellen, dass wir unsere gestalterischen Fähigkeiten auf das Leben selbst anwenden und aus unserem Leben ein Kunstwerk machen. Das Geheimnis der kreativen Kräfte in uns können wir letztendlich nicht lösen, wir können aber, wie Paul Klee es ausdrückt, »dem Quell entgegengehen, so weit es eben geht«.

Dank

Niemand lernt mehr von einem Buch als diejenige, die es schreibt. Die Faszination für Bilder begleitet mich schon mein ganzes Leben lang. Durch das Schreiben habe ich meinen Horizont erweitert, meine Gedanken geklärt und die Konzepte neu überdacht, die ich in meiner Arbeit und in meinem eigenen Leben anwende. Wenn ich nicht mehr weiterwusste, habe ich gemalt.

Isabel Iten und Helgard Oplatka haben sich als meine Probeleserinnen engagiert auf ein für sie neues Thema eingelassen; dafür danke ich ihnen sehr. Beide haben – jede auf ihre Art – die Übungen so kreativ umgesetzt, dass ich es bedaure, ihre Werke nicht in dieses Buch aufnehmen zu können.

Ursula Bernauer hat mich schon seit langer Zeit immer wieder dazu angeregt, ein Buch über die Wirkkraft der Bilder zu schreiben. Ihre Begeisterung, ihr Mitgehen und ihre freundschaftliche Kritik waren mir sehr wertvoll.

Besonderer Dank gilt meinem Mann Dieter Briendl, der seit jeher mein erster Leser ist und auch nicht locker gelassen hat, wenn ihm etwas zu wenig verständlich erschien. Er hat mich aber auch sonst auf allen Ebenen bei dieser Arbeit tatkräftig unterstützt.

Meine Lektorin, Christiane Neuen, hat dieses Buchprojekt angeregt und mit großer Ausdauer begleitet. Ich verdanke ihr, dass ich aus der Fülle dessen, was ich über Bilder gerne vermitteln wollte, die wesentlichen Punkte herausfiltern und in eine Form bringen konnte. Gerald Hüther hat sich spontan bereit erklärt, meine Ausführungen über das Gehirn und die Bilder auf ihre »gehirntechnische« Richtigkeit durchzusehen.

In dieses Buch ist vieles eingeflossen, was ich im Laufe meines Lebens von den verschiedensten Menschen erfahren und gelernt habe – alle waren meine Lehrmeisterinnen und Lehrmeister, denen ich viel verdanke. Besonders geprägt haben mich die Arbeiten von Verena Kast und Ingrid Riedel. Es sind damit aber auch alle die Menschen gemeint, die an diesem Buch mitgewirkt haben, indem sie mir erlaubten, ihre Bilder, ihre Träume oder ihre Bild-Erlebnisse zu verwenden. Sie alle haben viel dazu beigetragen, dass dieses Buch so anschaulich geworden ist.

Teil 1
Die schöpferische Kraft der Bilder

1. Kreativität hat viele Gesichter – Versuch einer Definition

Kreativität ist eine starke Lebenskraft, eine Schöpferkraft, die unsere Haltung dem Leben gegenüber entscheidend beeinflusst. Schöpferische Begabungen stecken in jedem von uns. Kreativität ist in jedem Menschen angelegt; wir sind alle auf unterschiedliche Weise kreativ. In Verbindung mit diesen schöpferischen Kräften zu sein, gibt uns das Gefühl, dass das Leben lebenswert ist. Ohne Kreativität empfinden wir unser Leben als monoton und langweilig. Aus den verschiedensten Gründen haben wir vielleicht nicht gelernt, die schöpferischen Kräfte in uns zu nutzen, weil wir sie nicht kennen oder weil wir eine zu geringe Meinung von unserem eigenen Potenzial haben. Das blockiert unsere schöpferischen Fähigkeiten, die darauf warten, entdeckt zu werden. Wir können eine kreative Lebensweise entwickeln, indem wir uns auf den Weg machen, unsere individuellen Begabungen zu erkennen. Wenn wir Vertrauen in unsere Schöpferkraft bekommen, dann trägt sie uns durch den Alltag, der dadurch farbiger, reicher und lebendiger wird.

Kreativität wird vor allem im Tun erlebt. Um Sie schrittweise mit Ihrer eigenen Kreativität besser vertraut zu machen, schlage ich Ihnen eine kurze Übung zur Einstimmung vor. Nehmen Sie sich ein wenig Zeit, um sich zu entspannen. Sobald sich Ihr Geist beruhigt hat und Sie dazu bereit sind, schreiben Sie spontan alles auf, was Ihnen zu den folgenden Fragen einfällt:

5-Minuten-Übung zur Einstimmung

- Was verbinden Sie mit dem Begriff »Kreativität«?
- Was war Ihre letzte kreative Idee? Haben Sie diese Idee in die Tat umgesetzt?
- Was waren die drei kreativsten Dinge, die Sie je getan haben? Gehen Sie in Gedanken bis in Ihre Kindheit zurück.

Was haben Sie gefunden? Welche Worte, Bilder oder Erinnerungen sind Ihnen in den Sinn gekommen? Kreativität hat viele Gesichter, und jeder Mensch hat seine eigene Definition vom Schöpferischen. Jeder Versuch, den Begriff Kreativität in seinen vielen Bedeutungen zu erfassen, ähnelt dem Versuch, verschüttetes Quecksilber einzusammeln: Hat man ein Tröpfchen erfasst, so teilt sich dieses in viele weitere Tröpfchen und rollt in alle Richtungen davon. Sobald man glaubt, einen Aspekt der Kreativität erfasst zu haben, dann kommen auf einem anderen Gebiet neue Gesichtspunkte hinzu.

Der Begriff Kreativität leitet sich vom lateinischen Wort »creare« ab, das »erschaffen, erzeugen, gestalten«, bedeutet. Holm-Hadulla[1] stellt noch eine Verbindung zum Wort »crescere« her, was mit »werden, gedeihen, wachsen lassen« übersetzt werden kann. Kreativität entwickelt sich also im schöpferischen Feld zwischen *creare* und *crescere*, zwischen dem aktiven Gestalten von Neuem und dem Wachsen-Lassen des Potenzials, über das wir verfügen. Sehr weit gefasst hilft die schöpferische Kraft uns Menschen, etwas zu erschaffen und es zu gebrauchen. Kreativität ist die Ausdrucksform des menschlichen Schöpfungsdrangs, der von jeher die Weiterentwicklung des Lebens vorangetrieben und ermöglicht hat. Wer sich dieser Gabe bewusst ist, kann sie als Ressource nutzen und sie weiterentwickeln, um aus dem eigenen Leben ein Kunstwerk zu schaffen – für sich selbst, aber auch zum Wohl anderer Menschen.

Royston Maldoom, ein bekannter englischer Choreograph und Tanzpädagoge, erarbeitete mit 250 Berliner Kindern und Jugendlichen aus zum Teil sozial schwierigen Verhältnissen ein Tanzprojekt zur Musik von Igor Strawinskys *Sacre du Printemps*. Begleitet von den Berliner Philharmonikern unter ihrem Dirigenten Simon Rattle wurde dieses Projekt vor 3000 Menschen aufgeführt. Die Kinder aus 25 verschiedenen Nationen hatten vorher nichts mit klassischer Musik zu tun gehabt. In einem Film ist eindrücklich dargestellt, wie Royston Maldoom die Kinder und Jugendlichen an die kreative Bewegung herangeführt hat.[2]

Seine langjährige Erfahrung hat Royston Maldoom davon überzeugt, dass Kreativität ein »basic survival tool«[3] sei, ein grundlegendes Überlebens-Werkzeug, das in jedem Menschen angelegt ist. Für ihn stellt Kreativität eine wichtige und umfassende Ausrüstung für unsere Lebensbewältigung dar: eine Basiskompetenz, die wir im Laufe unseres Lebens immer weiter entwickeln müssen.

Kreativität ist in ihren vielfältigen Erscheinungsformen nicht einfach zu beschreiben; jeder Mensch nimmt sie anders wahr und drückt sie anders aus. Die Aufteilung zwischen praktischer (oder allgemeiner) und künstlerischer (oder gestalterischer) Kreativität, die ich hier wähle, ist eine künstliche; beide wirken in allen Lebensbereichen als schöpferische Kräfte zusammen und befruchten einander.

Zunächst zur praktischen Kreativität: In der heutigen Welt mit ihren vielfältigen Herausforderungen ist Kreativität für jeden Menschen von großer praktischer Bedeutung. Die praktische Kreativität können wir überall einsetzen: Sie gibt uns Gelegenheit, verschiedene Möglichkeiten zu sehen, nach Belieben auszuwählen, was uns sinnvoll erscheint, und sie unterstützt uns dabei, uns die Ergebnisse unseres Handelns vorzustellen. All dies sind Dinge, die wir täglich und im Laufe des Lebens immer wieder tun.

Die praktische Kreativität ist fast überall nützlich. Wir können sie in Schule und Beruf, Wissenschaft und Kultur, Wirtschaft und Politik einsetzen. Doch auch der ganz gewöhnliche Alltag stellt uns immer wieder vor kreative Aufgaben: Jede Mutter, jeder Vater, der oder die ein Kind großzieht, ist kreativ, ebenso wie die Frau, die ein Sekretariat organisiert, oder der Mann, der in seinem Turnverein um neue Mitglieder wirbt. Im Alltag sind die meisten von uns kreativ, ohne dass wir uns dessen bewusst sind. Neue Einsichten, Inspirationen und kreative Gedanken können sich zu jeder Zeit und an jedem Ort »einstellen« – unter der Dusche, beim Essen, beim Aufwachen. Der »zündende Funke«, die plötzliche Eingebung, wie etwas anzupacken ist, erreicht uns beim Spaziergang oder beim Sport, während der Meditation, im Zug, beim Bügeln oder in der Badewanne. Also in einem Zustand, wo man nicht mehr krampfhaft darüber nachgrübelt, welches die beste Lösung für ein kniffliges Problem sein könnte, sondern wo eine gewisse Entspannung und Distanz für einen lockeren Fluss der Gedanken sorgen. Manchmal treffen wir aber auch auf Umstände, die unsere Fähigkeit zu improvisieren notgedrungen hervorrufen:

Ingeborg Becker-Textor schildert, wie schwierig für sie als Erzieherin die Verhältnisse waren, die sie 1968 an ihrem ersten Arbeitsplatz antraf: ein zu kleiner Gruppenraum für 70 Kinder, Mal- und Bastelmaterial oder Bücher waren kaum vorhanden. Zur Verbesserung der Grundausstattung des Kindergartens fehlte das Geld. Voller Elan beschloss sie zusammen mit den Kindern, ein Kinderliederbuch anzufertigen und dieses zu verkaufen. Die Früchte der Bäume im Garten wurden von den Kindern ebenfalls für wenig Geld verkauft. Von den Einnahmen konnten Gartenbeete angelegt werden. Am meisten Freude hatten die Kinder selbst an diesen Aktivitäten. Eltern, Besucher und Freunde sammelten farbige Schnipsel aus Katalogen, damit die Kinder Bastelarbeiten mit Buntpapier machen konnten. Nach zwei Jahren hatte sich die Ausstattung des Kindergartens erheblich erweitert.[4]

Dass die Gemeinde gleichzeitig einen zweiten Gruppenraum versprach, war ein Erfolg, den die Verfasserin gar nicht angestrebt hatte. Ihr Ziel war viel mehr, mit den Kindern sinnvoll arbeiten zu können. Durch die praktischen Erfahrungen lernten die Kinder auf spielerische Weise ihre eigenen schöpferischen Möglichkeiten kennen.

Dieses Beispiel zeigt, wie eng praktische und künstlerische Kreativität miteinander verknüpft sind und dass sie sich gegenseitig befruchten können. Beiden gemeinsam ist Freude am Tun, Begeisterung, spielerische Versenkung und die Fähigkeit, sich mit einer Sache um ihrer selbst willen und nicht wegen einer »Belohnung« zu beschäftigen.

Wenn ich jetzt von künstlerischer Kreativität spreche, so meine ich mit diesem Begriff das menschliche Urbedürfnis, das in uns allen vom Beginn unseres Lebens an lebendig ist: uns auszudrücken. Bewegung, Töne, Bilder und Worte sind Grundformen des menschlichen Ausdrucks. Wir wollen in Kontakt kommen, in Beziehung treten und Beachtung finden. Wir wollen aber auch dem Ausdruck geben, wie wir die Welt erleben. Der schöpferische Drang zum Selbstausdruck zeigt sich z. B. darin, dass wir unsere Kleider auswählen, unseren Körper schmücken und unsere Wohnungen mit Farben und Formen dekorieren, die unserem Geschmack entsprechen. Auf diese Weise wird der Alltag lebendiger und genussvoller.

Künstlerisch kreativ zu sein bedeutet, dass wir mit Farben und Papier ausdrücken, was wir sind. Es gibt zwei unterschiedliche Arten, das zu üben: Beim »intuitiven Malen« (auch »spontanes Ausdrucksmalen« genannt) wird der oder die Gestaltende aufgefordert, sich dem Prozess des Malens anzuvertrauen, ohne damit ein Ziel zu verfolgen. Es geht darum, sich überraschen zu lassen, was aus dem Innersten durch den Arm auf das Papier fließt. Eine andere Zielrichtung wird durch das »Malen aus dem Unbewussten« verfolgt, wie wir dies in der Jung'schen

Psychologie anwenden. Dabei geht es darum, durch das Malen innere Bilder aus dem Unbewussten, d. h. Träume, Erinnerungen und Fantasien, sichtbar zu machen. Auf diese Weise können wir uns »ins Bild« setzen über die Botschaften unserer Seele und uns bewusst machen, wo wir neue Anpassungen an die Anforderungen unseres Lebens vornehmen müssen.

Beide Arten, sich auszudrücken, haben etwas mit Meditation zu tun, mit Innehalten in den vielfältigen Verpflichtungen unseres Alltags. Was dabei schöpferisch wirkt, ist der Vorgang der Sammlung: in dieser Sammlung auf das eigene Selbst zu hören und neue Bilder von innen heraus zu schaffen. Es entsteht ein Raum, in dem wir entdecken können, welche schöpferischen Kräfte in uns schlummern, die nur darauf warten, neu oder wiederentdeckt, genutzt und gefördert zu werden.

5-Minuten-Übung zur Entlastung

Nehmen Sie einen (Farb-)Stift und ein Blatt Papier und beginnen Sie zu kritzeln. Denken Sie nicht darüber nach, was daraus werden soll. Pressen Sie einfach den Stift aufs Papier und erlauben Sie Ihrer Hand zu zeichnen. Kümmern Sie sich nicht um das Ergebnis, lassen Sie es einfach werden, wie es will.

Sich spontan im Malen auszudrücken hilft, die Kreativität von dem Mythos, mit dem sie umgeben wird, zu befreien und jedem Menschen zugänglich zu machen, unabhängig davon, ob man sich für talentiert hält oder ob man die richtige Technik beherrscht. Haben Sie gespürt, wie entlastend es ist, nichts »produzieren« zu müssen?

Obwohl beide Arten des Malens eine Auseinandersetzung mit Form und Farbe beinhalten, ist damit keinesfalls die Entstehung von Kunstwerken gemeint, wie sie eine Malerin oder ein Bildhauer erschaffen können. Als Künstler werden kreativ tätige Menschen bezeichnet, die auf dem Gebiet der bildenden oder darstellenden Kunst arbeiten. Die Künstlerin versucht, durch Bilder und Skulpturen einen besonderen Aspekt des menschlichen Erlebens erkennbar und verständlich zu machen. Sie erfasst und verarbeitet aber auch ihre Eindrücke, denen sie im äußeren Leben begegnet. Sie ist somit Beobachterin und Kommentatorin der Zeit, in der sie lebt. Künstler haben eine besondere Fähigkeit, ihre Wahrnehmungen von außen und von innen zu einer sichtbaren Ganzheit zu verbinden.

Es soll hier keineswegs darum gehen, sich zum Künstler oder zur Künstlerin entwickeln zu müssen. Vorbilder, die Ihnen vorgehalten wurden, sind Ihnen in Ihrem Leben sicher schon zur Genüge begegnet und haben Ihnen den Zugang zu Ihren eigenen schöpferischen Fähigkeiten versperrt. Es gilt daher, sich mit nichts und niemandem mehr zu vergleichen, wenn es darum geht, Ihre eigene Kreativität besser kennenzulernen.

Kommen wir nochmals zurück zur Frage am Anfang dieses Kapitels: Würden Sie sich als einen kreativen Menschen bezeichnen? Sich über diese Frage bewusst zu werden, ist wichtig, wenn Sie Ihr kreatives Potenzial entwickeln wollen.

> Vor ein paar Jahren beklagte eine führende Ölgesellschaft, dass es einigen Mitarbeitern im Bereich Forschung und Entwicklung an Kreativität mangele. Ein Team von Psychologen wurde beauftragt, herauszufinden, worin sich die weniger kreativen Mitarbeiter von den Kreativen unterschieden. Nach drei Monaten kamen die Psychologen zu folgendem Ergebnis: Der Hauptunterschied zwischen den kreativen und den weniger kreativen Mitarbeitern besteht lediglich darin, dass die kreativen Leute sich selbst als kreativ einschätzen, und die weniger kreativen genau das nicht tun.[5]

Wenn Sie sich ebenfalls für wenig kreativ halten, so denken Sie einmal über die folgenden Fragen nach:

Schöpferische Pause

- Sind Ihre kreativen Fähigkeiten im Elternhaus oder in der Schule gefördert worden?
- Wurde Kreativität in Ihrer Familie als positive Eigenschaft angesehen?
- Sind Sie für kreative Ideen gelobt worden? Welchen Stellenwert hatte es in Ihrer Familie, originelle Ideen zu haben? Wie wurde damit umgegangen?

Über kreatives Potenzial verfügt jede Person. Ob und wie weit dieses Potenzial gepflegt und weiterentwickelt werden konnte, hängt von den Umständen ab, unter denen wir groß geworden sind. Es ist z. B. entscheidend, ob wir in der Schule oder im Elternhaus für unsere kreativen Versuche gelobt wurden und dementsprechend erfahren haben, welche Ressourcen uns diese Fähigkeit zugänglich macht. Sollten Sie denken, nicht kreativ zu sein, so ist das erstens nicht richtig und zweitens änderbar. Indem man sich vor Augen führt, welche Verhaltensweisen und Glaubenssätze einer schöpferischen Haltung im Wege stehen können, bekommt man Ideen, wie die eigene Kreativität weiterentwickelt werden soll. Wer diese Fähigkeit bisher eher brachliegen ließ, kann sie trainieren und ausbauen. Denn durch Übung kann jede und jeder die eigene Schöpfungskraft verbessern.

2. Jedes Kind ist ein Künstler – Das schöpferische Potenzial im Menschen

Pablo Picasso hat mit seinem oft zitierten Satz, dass jedes Kind ein Künstler sei, seine Überzeugung ausgedrückt, dass Kreativität ursprünglich in jedem menschlichen Wesen ganz natürlich angelegt ist, dass es aber schwierig ist, sich diese Qualität zu erhalten. Falls Sie noch Zweifel daran haben, dass wir Menschen von Natur aus kreativ sind, so nutzen Sie doch einmal die Gelegenheit, Kindern beim Spielen zuzusehen.

> Am Strand einer griechischen Insel spielen drei kleine Jungen zwischen vier und acht Jahren mit dem herrlichen Sand. Sie bauen mit Hilfe des Meerwassers ganze Landschaften: Hügel, Burgen, Tunnels und Höhlen. Sie legen Flüsse an, formen um und arbeiten sich gegenseitig zu, um einen Berg höher zu machen oder eine Burg mit Steinchen zu dekorieren. Mit ihrem Spiel sind sie so sehr beschäftigt, dass sie die Welt um sich herum gar nicht mehr wahrnehmen.

Die Kinder haben sich einen Spielraum geschaffen, in dem sie ihre eigenen inneren Vorstellungen zum Ausdruck bringen konnten. Ihre Freude am schöpferischen Tun sprang auch auf mich über. Spontan ließ ich den Sand durch meine Hände rieseln und zog Kurven in den Sand. Das wohltuende Gefühl brachte mir Erinnerungsbilder aus meiner Kindheit zurück.

Schöpferische Pause
Erinnern Sie sich noch an Ihre Kindheit? An die Zeit, als Sie mit Ihren Freunden ein Baumhaus gebaut haben? Oder als bunte Stoff-Fetzen aus Ihnen eine Prinzessin oder einen Räuber gemacht haben? Gab es ganze Nachmittage, an denen Sie im Freien herumtoben konnten? Oder noch weiter zurück: Hatten Sie ein Lieblingsstofftier oder eine Puppe, mit der Sie unzertrennlich verbunden waren? Einen Teddybären, ohne den Sie nicht einschlafen konnten?

Falls Sie eine der letzten beiden Fragen mit Ja beantworten konnten, so haben Sie – gemäß den Forschungen von D. W. Winnicott[6] – bereits als

Kleinkind eine wichtige Vorstufe der Kreativität erworben. Er fand heraus, dass ein unscheinbares Spielzeug, wie z. B. ein weiches Tuch oder ein Stofftier, vom Kind kreativ mit Leben erfüllt wird, indem es seine unbewussten seelischen Inhalte auf diese äußeren Objekte projiziert. Er nannte diese Spielzeuge »Übergangsobjekte«, weil ihre Anwesenheit es dem Kind ermöglichen, die Abwesenheit der Mutter auszuhalten. Gemäß den Theorien der Jung'schen Psychologie werden diese Teddybären oder Stofftiere zu Symbolen, in denen die innere Welt der Gefühle und der Fantasie mit der äußeren Welt des Kindes in einen umfassenden Zusammenhang gebracht werden. Diese ersten schöpferischen Leistungen bilden die Vorstufe des Spielens, und das Spiel ist wiederum der erste Schritt zur Entwicklung dessen, was man Kreativität nennt. Unsere schöpferischen Fähigkeiten hängen also letztlich eng damit zusammen, ob und womit wir als Kinder gespielt haben.

Der vierjährige Martin hat einen innig geliebten Stoffhund, »Lumpi« genannt. Lumpi ist mehrfach geflickt und darf nicht gewaschen werden. Die beiden sind unzertrennlich. Während einer Fahrt auf der Autobahn fällt Lumpi beim Spielen aus dem halboffenen Fenster. Das Kind weint und ist untröstlich. Der Vater verlässt bei der nächsten Ausfahrt die Autobahn, fährt zurück und passiert die gleiche Strecke nochmals. Zum Glück ist Lumpi auf dem Pannenstreifen gelandet. Der Vater kann das heißgeliebte Spielzeug holen und seinem Sohn zurückgeben.

Für die Gefühlswelt des Kindes ist dieses erste eigene Symbol besonders wichtig. Im Wechselspiel zwischen dem Kind und seiner Umwelt findet die Entwicklung der Kreativität statt. Was heißt es also, als Kind ein Künstler zu sein? – Jede frühe sichtbare Spur, die ein Kind setzt, kann als schöpferischer Ausdruck des Kindes bezeichnet werden.[7] Egal, ob es sich dabei um ein Spielen mit dem Essen auf dem Teller, das Sammeln von Tannenzapfen im Wald oder ein auf Papier gekritzeltes Knäuel handelt: wesentlich ist die Begeisterung für das Gestaltete. Und diese Begeisterung ist es, die – im Rahmen der Möglichkeiten – nicht zerstört werden sollte. Natürlich kann eine Mutter nicht zulassen, dass ihr zweijähriger Sohn alles, was er in der Wohnung erreichen kann, mit farbigen Filzstiften verziert. Ein sensibler Umgang mit Grenzen und ein großzügiges Angebot an Papier sind daher nötig. Das Hinterlassen einer

Spur auf dem Papier und die damit zusammenhängende Bewegung ist für das Kind von großer Bedeutung: »Diese Linie habe ich gezogen, diese Spur bin ich.« Und diese Linie fordert auf, weitergezogen zu werden.[8]

Übung zur Spurensuche
Haben Sie als Kind gemalt? Zu Hause, im Kindergarten oder erst in der Schule? Was ist aus Ihren Kinderbildern geworden? Haben Sie vielleicht noch Bilder, die Sie als Kind oder Jugendliche gemalt haben? Tauchen spontan innere Bilder in Ihnen auf, Erinnerungen oder Gefühle? Schreiben Sie auf, was Ihnen jetzt einfällt. Sie werden es später brauchen, wenn es um das Malen geht.

Das Bild-Erleben des Kindes beginnt mit dem Wahrnehmen der Mutter im Alter von zwei bis drei Monaten: Die Welt erschließt sich dem Kind zuerst als Bild. Emotional reagieren kann es zu diesem Zeitpunkt nur mit seinem Körper. Der entsprechende bildliche Ausdruck der körperlichen Bewegung zeigt sich dann, wenn das Kind zu malen beginnt. Zuerst zeichnet es elementare Urformen wie Kritzelknäuel, Spirale oder Kreis. Kinder kritzeln spontan, bevor sie sprechen. Die ersten Malereien eines Kindes sind der Ausdruck dessen, was sich in seinem Inneren seit dem Beginn seines Lebens bis zum jetzigen Zeitpunkt ereignet hat.[9] Diese »Vergangenheitsverarbeitung« ist ein Reifungsprozess, in dem das Kind zunächst das Erlebte aufholen (»aufmalen«) muss, bis es die Gegenwart erreicht.

Erst nachdem es sich selbst wahrgenommen und das eigene Ich im Bild ausgedrückt hat, beginnt das Kleinkind, sich für das Nicht-Ich zu interessieren. Ein verlässliches inneres Bild der Mutter verleiht ihm Sicherheit, die Umgebung zu entdecken. Das Kind versucht, mit seinen Zeichnungen die Wirklichkeit zu erfassen. Es will dem Kern der Dinge auf den Grund gehen, das Wesen dieses Objekts begreifen, das sein Interesse und seine Fantasie erregt hat. So ist ein Rechteck mit vier Beinen und einem Schwanz eben das Pferd, wie es das Kind empfindet. Kinder bewältigen beim Malen ihre Welt und erfahren dabei gleichzeitig sich selbst. Die emotionalen Grundbefindlichkeiten der einzelnen Entwicklungsphasen zeigen sich in den Bildern der meisten Kinder in ähnlicher Weise. Dabei hat jedes Kind aber dennoch seinen eigenen unverwechselbaren Stil.

In dieser Zeit ist die Überzeugung der Eltern, dass ihre Kinder ein eigenes kreatives Potenzial besitzen, lebenswichtig – auch wenn die Gestaltungsprozesse ihnen nicht immer verständlich sind. Lässt man dem Kind bei diesem Prozess genug Zeit und fördert man seine Freude am malerischen Ausdruck, so kann es seine eigene schöpferische Kraft als wichtige Ressource für sein Dasein erfahren.[10]

Die beiden Bilder von Aline (farbiger Bildteil, Bild 1a und 1b) sind ein anschauliches Beispiel dafür, wie die gestalterische Entwicklung eines Kindes verläuft, wenn sie sich frei entfalten kann. Das erste Bild (1a) entstand, als Aline dreieinhalb Jahre alt war: Was sie gemalt hat – sich selbst, ein Haus und die Sonne –, gehört zu den Grundformen, welche Kinder im Laufe ihrer Entwicklung aus den einfacheren Urformen gestalten. Dieser allmähliche Aufbau ist für den Ausdruck dessen, was Kinder in dieser Zeit erfahren, sehr wichtig. Sich selbst hat Aline in kräftigen Rottönen dargestellt, was ihrer vitalen Persönlichkeit entspricht. Auch die orangefarbene Haarpracht ist stimmig, obwohl sie nicht die Realität wiedergibt: Sie spiegelt Alines ausdrucksvolle Lebenskraft, wie sie sich selbst wahrnimmt.

Auf dem zweiten Bild (1b) hat Aline Fabeltiere gemalt, von denen sie in einer Geschichte gehört hatte. Als sie dieses Bild malte, war sie neun Jahre alt. Alines Mutter erzählt, dass ihre Tochter zu malen begann, als sie noch nicht ganz zwei Jahre alt war. Sie benötigte große Blätter und suchte damals schon gezielt die Farben aus, die sie nehmen wollte. Die Eltern förderten die Entwicklung ihrer Kreativität, indem sie ihr Freiheit zum eigenen Tun vermittelten. Aline malte meist spontan von selbst und konnte so ihre Möglichkeiten zum bildnerischen Gestalten üben und festigen. Von den Eltern kamen höchstens Impulse, um ihre Fantasie anzuregen. Das Bild von den »Fabeltieren« zeigt bezüglich Proportion, Farbwahl und Formgebung bereits viel mehr bewusste Gestaltungsfähigkeit, strahlt aber immer noch die erfrischende schöpferische Kraft aus, die uns so anspricht, wenn wir das Bild betrachten.

Wie sich dieses Kreativitätspotenzial entwickelt, hängt von den Umweltfaktoren ab, die das Kind beeinflussen. Oft wird es zu früh der Kritik der Erwachsenen oder der eigenen Geschwister ausgesetzt. Im schlimmsten Fall bekommt es vorgemalt, »wie etwas richtig aussieht«.

Ein Kind, dem gesagt wird: »So sieht ein Pferd aber nicht aus«, zweifelt an der Richtigkeit seiner Wahrnehmung und an den eigenen Fähigkeiten, sich auszudrücken. Noch schlimmer ist es, wenn es verspottet oder ausgelacht wird. Um den Anforderungen zu genügen versucht das Kind, sich anzupassen: Es bemüht sich, die zweckmäßigen und praktischen Anschauungen zu übernehmen und gibt die schöpferische Erforschung der inneren Natur der Dinge zugunsten einer Oberflächenähnlichkeit schließlich auf. Wenn man die Bilder von Kindern über einen längeren Entwicklungszeitraum beobachtet, so zeigt sich dieser Kreativitätseinbruch darin, dass die Bilder uns gefühlsmäßig nicht mehr durch ihre unbekümmerte und eigenwillige Sicht der Dinge ansprechen.

Schöpferische Pause
Wie haben Ihre Eltern und Geschwister auf Ihre Bilder reagiert? Wie ist man mit Ihren Kinderzeichnungen umgegangen? Was haben Sie erlebt, wenn Sie Ihren Eltern oder Großeltern ein Bild geschenkt haben? Hat man Ihre Bilder für eine gewisse Zeit aufgehängt? Erinnern Sie sich noch an den Zeichenunterricht in der Schule? Haben Sie andere Kinder um deren Talent beneidet?

In dieser sensiblen Entwicklungsphase macht das Kind oft schmerzhafte Erfahrungen: Die magische Bilderwelt, in der es bis zur Schulreife gelebt hat, verliert durch die Überbetonung des sachlichen Denkens seiner Umgebung und der Gesellschaft an Wert. Dabei wäre es für seine ganzheitliche Persönlichkeitsentwicklung von großem Nutzen, das anschauliche Denken des Vorschulkindes beizubehalten und durch das abstrakte Denken im Rahmen der schulischen Erziehung lediglich zu erweitern und zu ergänzen. Und nicht – wie das oft der Fall ist – zu ersetzen. In der Schule werden die gestalterischen Unterrichtsinhalte zugunsten des Erwerbs von intellektuellen Fähigkeiten mehr und mehr gekürzt.[11] Verbringt das Kind oder der Jugendliche gleichzeitig zu viel Zeit vor dem Fernsehapparat und dem Computer, wo vorgefertigte Bilder in großer Menge zu verarbeiten sind, so droht die Entwicklung der eigenen inneren Bilderwelt zu verkümmern. Das Vertrauen in die eigenen bildnerischen Ausdrucksmöglichkeiten bleibt auf der Strecke. Der Künstler, die Künstlerin, die in uns allen immer schon angelegt ist, verschwindet in der Verbannung. Ist die intellektuell geprägte Schul- und

Studienzeit dann vorbei, wird im Berufsleben Kreativität als höchster Faktor und Wert erwartet. Kreative Bewältigungsstrategien bräuchten wir aber auch, um unser Leben gut zu meistern. Der Zugang zur schöpferischen Gestaltung des eigenen Lebens ist dann aber erschwert bis blockiert.

Picasso hat einmal gesagt, er habe ein Leben lang dazu gebraucht, wieder zeichnen zu lernen wie ein Kind. Die folgende Übung habe ich dem Buch von Renate Gier[12] entnommen und gebe sie hier in abgewandelter Form wieder. Sie bietet eine gute Möglichkeit, sich an die Erfahrung von unbeschwertem kindlichen Gestalten wieder anzuschließen und den kontrollierenden Verstand dabei auszuschalten.

10-Minuten-Übung: Malen wie ein Kind

Nehmen Sie zwei genügend große Malpapiere und befestigen Sie sie auf einer festen Unterlage. Nehmen Sie eine Wachsmalkreide in die Hand. Dann schließen Sie die Augen und lassen Sie die Hand auf dem einen Papier Kreise und Spiralen ziehen, bis Sie in einen gleichmäßigen Rhythmus kommen. Machen Sie dies für mindestens 5 Minuten ohne Unterbrechung. Dann nehmen Sie das zweite Blatt und zeichnen – wieder mit geschlossenen Augen – eine Kreuzform. Weil Sie die Bewegung von rauf-runter, rechts-links, rauf-runter, rechtslinks immer von Neuem suchen müssen, braucht es wohl eine gewisse Zeit, bis Sie in einen gleichmäßigen Rhythmus kommen. Bleiben Sie auch hier eine Weile in dieser Bewegung.

Welche Gefühle hatten Sie beim Malen? Was war für Sie angenehmer? Gab es eine Bewegung, die sich für Ihren Körper besser anfühlte? Tauchten beim Malen andere Bilder in Ihnen auf?

Es ist gut zu wissen, dass wir unser schöpferisches Potenzial immer wieder neu beleben können, wenn wir uns darum bemühen. Ingrid Riedel berichtet, dass durch Malen bis ins hohe Alter schöpferische Fähigkeiten entdeckt und neu entwickelt werden können.[13] Dieses kreative Tätigsein belebt, gibt Freude, Sinn und Selbstbewusstsein. Auffallend ist, dass viele Hochbetagte in ihren Bildern besonders intensive Farben verwenden. Farben scheinen wie ein Lebenselixier zu wirken. Die Bewohnerin eines Pflegeheims sagt: »Wenn das Leben nicht mehr so bunt ist, muss ich es eben bunt malen.« Hier schließt sich der Kreis:

Farben sind mit unseren Gefühlen verknüpft und verbinden uns mit unserer Lebensenergie. Dass dies von der frühesten Kindheit bis ins hohe Alter so ist, zeigt sich in der Aussage der neunjährigen Jenni: »Ich fühle mich, wenn ich male, wie in einem bunten Meer. [...] Malen ist das freieste Gefühl, das ich kenne.«[14]

3. Der kreative Prozess: Innere und äußere Bilder in wechselseitiger Beziehung

Innere und äußere Bilder prägen unser Leben. Ein Säugling sieht und erlebt schon in den ersten Wochen seines Daseins die Wärme, das Licht, die Bewegung und erkennt das Gesicht der Mutter nach etwa drei Monaten. In dieser ersten Lebenszeit nimmt das Kind mit allen Sinnesorganen auf, was in seiner Umgebung vor sich geht. Was es sieht, hört, riecht und schmeckt, formt sich durch angeborene Verknüpfungen im Gehirn zu einem ganzheitlichen Eindruck und vermittelt einen Gefühlszustand, der eng mit den wahrgenommenen Bildern verbunden ist. Diese Bilder schaffen die Grundlage dafür, dass im Kind nach und nach innere Bilder entstehen können und damit auch die Fähigkeit, sich etwas vorzustellen.[15]

Alles, was der Mensch im Laufe seiner Entwicklung und im fortschreitenden Alter erlebt, bleibt ihm mehr oder weniger stark als Bild in Erinnerung, formiert sich durch Verknüpfung und Vernetzung mit den bestehenden Bildern zum eigenen Selbstbild, zum Menschenbild, Weltbild oder Gottesbild. Unsere Lebensanschauung ist durch die Emotionen geprägt, die uns mit diesen Bildern verbinden. Die psychischen Strukturen, die daraus entstanden sind, haben einen großen Einfluss darauf, wie wir uns selbst und die Welt sehen.

Schöpferische Pause
Können Sie sich an den Familientisch Ihrer Kindheit erinnern? Sehen Sie die Personen vor sich, die dort versammelt waren, oder den Raum, in dem das stattfand? Wurde da erzählt und gelacht oder mussten alle am Tisch schweigen? Wie haben die Erfahrungen Ihrer Kindheit Ihre heutigen Gewohnheiten geprägt?

Vielleicht haben Sie beim Nachdenken gestaunt, wie lebendig diese Bilder in Ihnen noch sind. Bilder haben von jeher intensiv auf uns Menschen gewirkt, da sie eng mit unserer Gefühlswelt verwoben sind. Wie alt das menschliche Bedürfnis ist, sich über Bilder auszudrücken, zeigt sich in den kunstvollen Darstellungen von Tieren, Menschen und Pflanzen, die unsere Steinzeit-Vorfahren an die Wände der Höhlen in Südfrankreich[16] gemalt haben. In diesen Darstellungen, die bis zu

30 000 Jahre alt sind, zeigt sich uns ein Stück Lebenswelt der frühzeitlichen Jäger. Was hat diese Menschen bewegt, unter hohem Aufwand Bilder an dunkle Felswände zu malen? Wir wissen es nicht. Die Forscher sind heute der Meinung, dass diese ältesten Darstellungen aus der Menschheitsgeschichte dazu dienten, Kult- und Opferhandlungen vorzunehmen, um sich für die Jagd zu stärken oder durch magische Fruchtbarkeitsriten das Überleben zu sichern. Menschen haben also vor Urzeiten schon gemalt, um sich von ihrem Leben in der Welt ein Bild zu machen.

Versuchen wir für einen Moment, uns in das Geschehen beim Malen selbst zu versetzen. Die Erfahrungen, die der Steinzeitmann auf der Jagd mit Büffeln, Hirschen oder Pferden gemacht hat, nimmt er als inneres Bild in sich auf. Um diese Eindrücke zu verarbeiten, malt er die Tiere aus seiner Vorstellung heraus auf die Höhlenwand. Ein schöpferischer Prozess beginnt: Was er als äußeres Bild von den Tieren wahrgenommen hat, bringt er in Verbindung mit seinen Erlebnissen. Innere und äußere Bilder treffen sich so an einem gemeinsamen Ort.

Dies ist ein aktiver Wandlungsvorgang. Die Abbildungen werden zu Symbolen, in denen die vielfältigen Aspekte des Geschehens zwischen Mensch und Tier miteinander verbunden sind. Für den Steinzeitmenschen bekommen diese Abbildungen einen Sinn: Einerseits verarbeitet er seine Erlebnisse und erweitert seine Kenntnisse – denn er muss sich ja beim Malen genau überlegen, wie das Tier ausgesehen hat. Andererseits bereitet er sich innerlich vor, diesen Tieren wieder zu begegnen und sie für sein eigenes Überleben zu jagen. Die Gestaltungen sind ein Sinnbild für das Wesen und die Kräfte des abgebildeten Tieres, mit denen sich der vorgeschichtliche Mensch auf diese Weise verbindet. Das Tier-Symbol wird ihn als inneres Bild auf die Jagd begleiten. Durch die Kraft dieses Bildes wird der Mut des Jägers gestärkt, was ihm hilft, sein Leben im Regelkreis der Natur zu sichern.

Vielleicht merken Sie beim Lesen dieser Zeilen, dass es nicht einfach ist, diese Vorgänge sprachlich nachzuvollziehen. Ich habe mir den Steinzeitmenschen, die Tiere und die Höhle aufgezeichnet – das hat mir geholfen, den kreativen Vorgang bei der Höhlenmalerei besser zur Sprache zu bringen. Die folgenden Zeichnungen der Illustratorin Mo Richner sollen auch Ihnen den ganzen Ablauf nochmals veranschaulichen:

Abb. 1: Die Steinzeitmenschen und ihre bildnerischen Gestaltungen

Das Bild als ursprünglicher Ausdruck des Menschen taucht nicht nur in der Entwicklung des einzelnen Menschen vor dem Wort auf, sondern auch in der ganzen Menschheitsgeschichte. Bilder sind die früheste Sprache des Menschen. Zu allen Zeiten und in allen Kulturen ist die Beziehung zu den Bildern von vielfältiger Bedeutung.[17] Bilder erzählen Geschichten. Dass wir erkennen, was da gemalt ist, vermittelt uns etwas über die Wirkkraft der Bilder.

Wie stehen wir heute zu den Bildern? Seit der Epoche der deutschen Aufklärung vor 200 Jahren unterliegt das Bildhaft-Anschauliche einer immer stärkeren Entwertung. Reines Denken genießt als gesellschaftliches Ideal höheres Ansehen als die schöpferische Fantasie. Nicht, dass es keine Bilder mehr gäbe. Sie werden uns von den Medien im Überfluss ins Haus geliefert. Fernsehbilder, Zeitungs- und Zeitschriftenbilder und die Bilder einer gewaltigen Werbeindustrie prägen unser Lebensgefühl, ohne dass wir dies noch ganz bewusst wahrnehmen können. Sowohl die »schönen« Bilder, denen es sich scheinbar nachzustreben lohnt, wie auch die Bilder des Schreckens, denen wir täglich ausgeliefert sind, bergen die Gefahr in sich, dass wir uns immer weniger ein eigenes Bild von der Welt machen können.

Es scheint, als ob die Macht dieser Bilder im Widerspruch zu unserer verstandesorientierten Existenz stünde. Je mehr wir aber unser Dasein durch nüchternes Denken zu meistern versuchen, desto stärker braucht unsere Psyche den Ausgleich durch die Bilder und ist dadurch auch anfällig für Bilder jeder Art. Und je mehr Bilder wir angeboten bekommen, desto weniger kreative Vorstellungen müssen wir selbst erschaffen. Fernsehen und Computer können – wenn sie richtig genutzt werden – viele Menschen bei ihrer geistigen und seelischen Weiterentwicklung unterstützen. Ein übermäßiger Fernsehkonsum stellt aber eine Gefahr für unsere kreativen Kräfte dar. Vera Birkenbihl betont, dass es durch das Starren auf die bewegten Bilder in einem relativ kleinen Sehbereich zu einem Trance-Effekt kommt, der sich wie eine Art »Gehirn-Lähmung« auswirkt. Die Bilder rauschen quasi an uns vorbei, ohne dass wir kritisch, analytisch oder kreativ darüber nachdenken können.[18]

Die Überflutung durch die äußeren Bilder hat zur Folge, dass wir die eigenen inneren Bilder immer weniger wahrnehmen und uns mehr und mehr von unserem eigenen Ich entfremden. Und das bedeutet, dass wir wertvolle Ressourcen nicht mehr nutzen können, die in uns vorhanden sind.

Die folgende, etwas abgewandelte Übung von Renate Gier[19] eignet sich gut, um die Wechselwirkung zwischen inneren und äußeren Bildern an sich selbst zu erfahren:

Übung: Innere und äußere Bilder

Schließen Sie die Augen und achten Sie auf Ihren Atem. Nehmen Sie wahr, wie es Ihnen in diesem Moment gerade geht. Es kann eine Weile dauern, bis Sie sich von den äußeren Bedingungen lösen können. Bleiben Sie ruhig sitzen, um bei sich selbst anzukommen. Beobachten Sie, was an Formen, Farben oder Symbolen in Ihnen auftaucht. Was immer es auch ist: Nehmen Sie es als Botschaft aus Ihrem inneren Raum an. Versuchen Sie dann langsam – immer noch mit geschlossenen Augen – zu spüren, wie Sie in diesem Moment Ihre äußeren Lebensbedingungen empfinden. Beobachten Sie nur, was Sie wahrnehmen und spüren.

Nehmen Sie dann Papier und Malkreide und malen Sie, was Sie wahrgenommen haben. Lassen Sie alle Empfindungen, die Sie erlebt haben, in Ihre Gestaltung einfließen. Malen Sie Formen, Farben und Bewegungen, wie es Ihnen gerade einfällt. Schalten Sie so weit wie möglich alles Denken, Planen und Urteilen aus.

Betrachten Sie das fertige Bild als Dokument Ihrer schöpferischen Kraft, die etwas Unverwechselbares gestaltet hat. Es ist eine Momentaufnahme Ihrer gegenwärtigen Lebenssituation.

4. Die Wirksamkeit der Bilder in der Analytischen Psychologie C. G. Jungs

C. G. Jung war wohl der Erste, der im Rahmen der Psychotherapie – etwa seit 1920 – Bilder malen ließ, die weder »richtig« noch »schön« sein sollten, die aber dennoch einen entscheidenden Beitrag zum therapeutischen Prozess leisteten. Angeregt dazu wurde er durch seine Patientinnen und Patienten, die oft unzufrieden damit waren, dass sie die farbige Bildhaftigkeit ihrer Träume nur begrenzt mit Worten ausdrücken konnten. Sie sagten dann: »Sehen Sie, wenn ich jetzt ein Maler wäre, so würde ich davon ein Gemälde machen.«[20] Jung hat diesen Impuls aufgegriffen und seine Patienten ermuntert, das im Traum gesehene Bild zu malen. Aus ihren Gestaltungen schloss er, dass dies »innere« Bilder seien, Botschaften »von der anderen Seite« unserer Seele. Diese Entdeckung veranlasste ihn dazu, eine eigene therapeutische Technik einzuführen, in der das Bild als Zugang zum Unbewussten in die Gesprächssituation einbezogen wird. Er hat damit als Erster die Bedeutung der schöpferischen Prozesse für das psychische Gleichgewicht erkannt: »Die Wirkung, auf die ich hinziele, ist die Hervorbringung eines seelischen Zustandes, in welchem mein Patient anfängt, mit seinem Wesen zu experimentieren, wo nichts mehr für immer gegeben und hoffnungslos versteinert ist, eines Zustandes der Flüssigkeit, der Veränderung und des Werdens.«[21]

Es ist auch heute Ziel einer Jung'schen Psychotherapie, Menschen dabei zu unterstützen, ihr kreatives Potenzial zu entwickeln und die eigenen Ressourcen besser zu nutzen. Wer in die Therapie kommt, ist oft erstarrt und versteinert von den Versuchen, das Leben in der einmal erworbenen Anpassungsform zu meistern. Die Möglichkeiten zur Lösung der Probleme sind erschöpft, der Patient oder die Patientin hat keine Verbindung zum eigenen Unbewussten und dessen schöpferischem Potenzial. Der kreative Umgang mit den Problemen des Lebens ist aber eine wesentliche Voraussetzung für seelische Gesundheit.

Unsere Seele besteht gemäß Jung nicht nur aus dem Bewusstsein, sondern auch aus einem weiten Bereich, den wir nicht ohne Weiteres wahrnehmen können: dem Unbewussten. Nicht nur äußere Faktoren und das Bewusstsein bestimmen unser Handeln. Der weitaus größere Teil unseres Verhaltens wird von den Antrieben, Vorstellungen, Erwartungen, Gefühlen und Konflikten aus dem Unbewussten gesteuert. Je mehr wir über diese unbekannte Seite in uns wissen, desto mehr Möglichkeiten haben wir zur Verfügung, kreativ mit unserem Leben umzugehen.

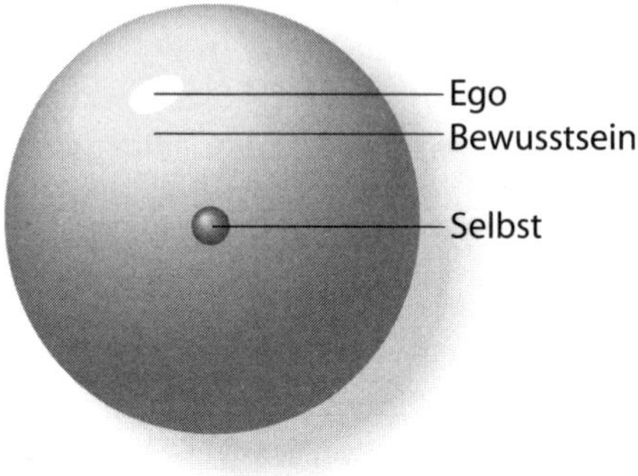

Abb. 2: Modell der Psyche nach dem Konzept der Jung'schen Psychologie

C. G. Jung hat ein anschauliches Modell der seelischen Struktur des Menschen entworfen: Die Psyche könne man sich als Kugel vorstellen, die aus dem Unbewussten besteht. Ihre Oberfläche ist zu einem kleinen Teil erhellt durch das Bewusstsein, wo ein Mensch seine Gedanken, Gefühle und Empfindungen bewusst wahrnimmt, interpretiert und einordnet. Im Mittelpunkt des Bewusstseinsraumes befindet sich das Ich (Ego), das im Vergleich zur psychischen Gesamtstruktur eher klein ist. Es ist aber der Teil der Psyche, der sich in einem komplexen Prozess der Bewusstwerdung während der kindlichen Entwicklung zu einer eigenen Identität heranbildet. Das Selbst ist in der obigen Darstellung in zweifacher Hinsicht repräsentiert: Mit dem Begriff »Selbst« ist sowohl der Umfang als auch der Mittelpunkt der Gesamtpsyche gemeint. Das Selbst als autonomes, inneres Zentrum der Persönlichkeit gibt immer wieder Impulse, eine lebendige und fruchtbare Beziehung zwischen dem Ich-Bewusstsein und dem Unbewussten herzustellen.

Das persönliche Unbewusste enthält Erlebtes und Gedachtes aus unserer Lebensgeschichte: alles, was aus den verschiedensten Gründen vergessen wurde oder verdrängt werden musste. Hier sind aber auch Fähigkeiten gespeichert, die wir haben und bisher nicht entwickeln konnten. In diesem Bereich befindet sich unser schöpferisches Potenzial, das sich vor allem in den Träumen zeigt.

Als eine tiefere Schicht darunter lagert das kollektive Unbewusste, welches nach C. G. Jung allen Menschen gemeinsam ist. Hier sind typische angeborene psychische Erfahrungen und Verhaltensweisen gespeichert, die bei allen Menschen zu allen Zeiten immer wieder vorkommen, wie z. B. Geburt und Tod, Liebe und Hass, Angst, Freude und die Vielfalt der menschlichen Beziehungen. Diese kulturübergreifenden und zeitlos gültigen Themenbereiche bilden die »universalen, identischen Strukturen«[22] der menschlichen Psyche, die Jung als Archetypen bezeichnete.

Durch unsere individuelle Veranlagung, unsere Lebensgeschichte und die Umgebung, in der wir aufwachsen, erfahren wir die Archetypen in immer neuen Variationen über ein Grundthema. Archetypische Bilder und Vorstellungen erleben wir als sehr bedeutsam; sie beleben unsere schöpferischen Kräfte und eröffnen uns den Zugang zu einem unendlich großen Schatz der Menschheitsgeschichte. So sind z. B. die Erfahrungen, die man mit der persönlichen Mutter gemacht hat, eine der vielfältigen Ausdrucksformen des Mutterarchetyps. Durch das Erleben des Mütterlichen mit der Kirche, der Universität, dem Wald, dem Meer oder der Höhle kann der Mutterarchetypus jedoch auch auf andere Weise aktualisiert werden. Wie alle Archetypen ist auch der Mutterarchetyp durch gegensätzliche Erlebnisqualitäten charakterisiert: Zu ihm gehört das Nährende und Schützende ebenso wie das Verschlingende und Zerstörerische. »Mutter Natur« ist ein anschauliches Beispiel dafür. Archetypische Prozesse finden z. B. in den Märchen und Mythen ihren Ausdruck, in denen Orientierungshilfen für den Umgang mit typisch menschlichen Problemen vermittelt werden. Archetypische Strukturen sind also die Basis dafür, wie wir die Welt erfahren. Gleichzeitig gehen von ihnen Impulse zur Selbstregulierung der Psyche aus.

Damit die Seele gesund bleiben kann, wird zwischen dem Bewusstsein und dem Unbewussten ein dynamisches Gleichgewicht angestrebt. Das Unbewusste verhält sich dabei ausgleichend zum Bewusstsein, d. h. es greift überall dort regulierend ein, wo dieses Gleichgewicht durch allzu einseitige Haltungen im Bewusstsein gestört ist. Um sich bemerkbar zu machen, äußert sich das Unbewusste hauptsächlich durch Träume, aber auch durch Erinnerungen, Fantasien und Gefühlszustände, also durch innere Bilder aus der Tiefe unserer Seele. Wenn ich wissen will, wie meine Seele beschaffen ist und wie ich in Einklang mit ihr leben kann, so muss ich mich den Bildern zuwenden, in denen sie zu mir spricht.

Die Beziehung zu den inneren Bildern ist vor allem für die Individuation eines Menschen von großer Bedeutung. »Individuation« nannte C. G. Jung den Weg zur Selbstwerdung, den jeder Mensch seinen jeweiligen Lebensumständen entsprechend gestaltet. Um uns zu der Persönlichkeit zu entwickeln, die wir wirklich sind, müssen wir uns mit den eigenen bewussten und unbewussten Persönlichkeitsanteilen auseinandersetzen.

Dazu gehört zunächst das Erkennen und Bewusstwerden der »Persona«. Das ist die Art und Weise, wie wir uns der Welt zeigen, und entspricht der Vorstellung von uns selbst, wie wir uns am besten präsentieren. Dementsprechend sind im unbewussten »Schatten« alle Eigenschaften verborgen, die wir zugunsten dieses Idealbildes verdrängen: Neid, Geiz, Aggressivität, Hochmut, Schadenfreude und vieles andere mehr. Der Schatten, das ist die Person, die wir nicht sein wollen, die wir aber dennoch auch sind, ohne uns dessen bewusst zu sein. Unbewusste Schattenanteile machen sich im Alltagsleben dadurch bemerkbar, dass sie mit einer starken emotionalen Beteiligung auf andere Menschen projiziert werden. Wenn wir z. B. gelernt haben, nicht neidisch sein zu dürfen, so werden uns die Neidreaktionen der anderen Menschen besonders empören. Sich einzugestehen, dass man hier und da auch andere Menschen um ihre Fähigkeiten, ihren Besitz usw. beneidet, lässt uns erkennen, wo wir selbst unerfüllte Wünsche in uns tragen, die verwirklicht werden wollen. Dieses Beispiel verdeutlicht: Die bewusste Auseinandersetzung mit dem eigenen Schatten erweitert unseren Handlungsspielraum und ermöglicht uns bessere Beziehungen.

Ein großer Teil des persönlichen Unbewussten wird durch die gefühlsbetonten »Komplexe« gebildet, in denen die Beziehungserfahrungen unseres Lebens gespeichert sind. Komplexe haben einen großen Einfluss auf unser Denken, Fühlen und Handeln. Sobald ein Komplexthema berührt wird, reagieren wir mit den Gefühlen, die aus den früheren schmerzhaften Episoden unseres Lebens stammen. Das kann zu vielfältigen Konflikten mit den Menschen unserer gegenwärtigen Umgebung führen: So kann z. B. ein Mensch, der in seiner Kindheit häufig erlebt hat, dass ihm zu wenig zugehört wurde, sehr schnell komplexhaft rea gieren, wenn er den Eindruck hat, nicht beachtet worden zu sein. Seine Bemühungen, sich deshalb besonders stark um Beachtung zu bemühen, werden oft vom sozialen Umfeld wenig geschätzt.

Die psychische Energie, die in den Komplexen gebunden ist, kann einerseits die Störung oder die Krankheit bewirken, unter der ein Mensch zu leiden hat, sie kann aber auch genutzt werden, um diesen Zustand zu verändern.[23] Die mit den Komplexen verbundenen Emotionen sollten wahrgenommen und durch Malen, Imaginationen oder darstellendes Spiel ausgedrückt werden, um eine schöpferische Veränderung zu ermöglichen. Werden die Komplexe mehr und mehr bewusst gemacht, so steht die darin gebundene Energie dem Bewusstsein zur Verfügung; die gefühlsmäßigen Zustände, wie z. B. Angst oder depressive Verstimmungen, die in die therapeutische Behandlung führen, verbessern sich zunehmend.

Im kollektiven Unbewussten sind »Animus« und »Anima« angesiedelt, die Archetypen des Männlichen und Weiblichen, welche die männlichen und weiblichen Qualitäten unserer Psyche bestimmen. In Fantasien und Träumen zeigen sich unabhängig von unserem Geschlecht beide Aspekte. Während die Animus-Qualität den Zugang zur geistigen Inspiration eröffnet und zu einem aktiven Forschungsdrang befähigt, bewirkt die Anima-Qualität eine Atmosphäre der mitmenschlichen Verbundenheit und die Emotion, sich lebendig zu fühlen. Die Wirkkraft von Anima und Animus hat einen direkten Einfluss darauf, wie wir unsere Beziehungen erleben. Im Zustand der ersten Verliebtheit neigen wir nämlich dazu, unbewusst diesen Teil unserer Seele auf einen anderen Menschen zu projizieren, vom dem wir fasziniert sind. Oft sind die eigenen Projektionen in der Realität aber nicht haltbar, was häufig zu Enttäuschung und Trennung führt. Wenn uns dagegen Anima und Animus als Funktionssysteme unserer eigenen Seele bewusst werden, dann können wir ihre Eigenschaften als Impulse aus der Seele aufnehmen und in unser Leben einbringen. Unsere Beziehungen verbessern sich, weil wir unsere inneren Bilder nicht mehr unbewusst auf andere projizieren.

In jedem Menschen wirkt ein sich selbst organisierendes schöpferisches Prinzip, das »Selbst«. Im Selbst ist gemäß C. G. Jung der ganze Mensch angelegt, so wie er ursprünglich gemeint ist. Um sich das bildlich besser vorzustellen, hilft es, sich den Wachstumsprozess eines Baumes zu vergegenwärtigen: In seinen Früchten, wie z. B. Kastanien oder Eicheln, ist der ganze zukünftige Baum als Entwurf bereits vorhanden. Aus der Kastanie wächst keine Eiche, und aus einer Eichel wird kein Kastanienbaum. Wie sich der Baum dann individuell entfaltet, hängt davon ab, wie der Boden beschaffen ist, in den der Samen fällt, wie das Klima des Standortes ist usw.[24] Ebenso besteht unser Weg, mehr und mehr identisch mit uns selbst zu werden, nicht nur darin, alle unsere Persönlichkeitsanteile zu integrieren, sondern auch in der fortwährenden dialogischen Auseinandersetzung mit der Umgebung, in der wir leben.

Die Impulse, die das Selbst gibt, damit wir zu der vollständigen Persönlichkeit heranreifen, als die wir gedacht sind, werden in Form von inneren Bildern an unser Bewusstsein herangetragen. Deshalb war es nötig, die theoretischen Begriffe hier kurz zu erläutern. Die Begriffe, die C. G. Jung gewählt hat, um sein Modell der Psyche anschaulich zu machen, verdeutlichen bereits, wie die einzelnen Aspekte der Psyche als innere Bilder in Träumen, Fantasien und Erinnerungen, Gefühlen und Stimmungen sichtbar und erlebbar werden. Innere Bilder sind die ursprünglichste Ausdrucksform unserer psychischen Wirklichkeit. Jung war der Auffassung, »dass überhaupt alles, was uns bewusst wird, Bild ist und Bild ist Seele«.[25] Die jeweiligen Bilder können wir erst dann zur Selbstwerdung nutzen, wenn unser bewusstes Ich mit ihnen in Kontakt tritt. Diese geschieht am wirksamsten, indem wir diese Bilder wahrnehmen und sie durch Malen und Gestalten ausdrücken. Durch die gestalterische Auseinandersetzung mit den inneren Bildern und die Erfahrungen, die wir dabei machen, wird ein heilsamer Prozess in Gang gebracht, der uns unseren Gefühlen und unserer Innenwelt immer näher bringt. Mit den Gefühlen in Kontakt zu kommen eröffnet uns den Zugang zu unseren inneren Ressourcen. Die dadurch freigewordene Energie kann für die eigene Lebensbewältigung eingesetzt werden.

Der Traum ist in der Jung'schen Psychologie der wichtigste Zugang zum Unbewussten, daher benutze ich zur Erläuterung das Traumbild oder Traumsymbol stellvertretend für alle anderen Bilder aus dem Unbewussten.

Traum der 45-jährigen Mona

Ich bin mit zwei jungen Männern auf einer Zugfahrt. Ich muss mich sehr um diese Männer kümmern, die beiden haben untereinander keine Beziehung. Bei einem Zwischenhalt verlasse ich die Gruppe und befinde mich in einem Dschungel. Ich weiß, dass ich früher einen solchen Weg nur mit großer Angst gegangen wäre. Heute bewege ich mich sicher und zuversichtlich, bin gespannt auf das, was ich entdecken werde. Ich komme auf einen alten Militärautofriedhof. Ich bin mutig und vorsichtig. Die alten Kampffahrzeuge sind alle sortiert und nicht mehr in Betrieb. Ich bin sicher, dass sie nicht mehr benötigt werden. Ich kehre zur Gruppe im Zug zurück. Die Rückfahrt beginnt. Die beiden Männer haben in der Zwischenzeit miteinander Kontakt aufgenommen und so sind wir alle drei im Gespräch miteinander verbunden.

Jetzt merke ich, dass das Ganze ein Traum ist, und bespreche diesen (ebenfalls im Traum) mit meiner Therapeutin. Ich erkenne in den jungen Männern Max und Moritz und bin erstaunt über die stimmige Verwandlung der beiden Männer. Wir suchen zusammen nach weiteren Bildern und Erklärungen. Ich putze mir dabei die Zähne. Eine ganz kleine, herzige Gelbbauchunke im Waschbecken lenkt mich von der Traumarbeit ab. Meine Therapeutin bleibt aber am Thema, fragt, forscht und zeichnet Max und Moritz. Als ich das Bild sehe, das sie gezeichnet hat, erkenne ich die Symbolik von Max und Moritz: Hell und Dunkel. Beim Aufwachen weiß ich, dass meine Therapeutin nun ein Teil von mir ist.

Diesen Traum hatte Mona kurz vor dem Ende ihrer langen Analyse bei mir. Sie erinnerte sich, dass sie als Kind von den Geschichten von Max und Moritz einerseits fasziniert gewesen sei, andererseits aber große Angst davor verspürt habe, von den Erwachsenen auf ebenso grauenhafte Weise umgebracht zu werden. Hier spiegeln sich die rigiden Erziehungsmethoden wider, die Mona in ihrer Kindheit erlebt hat. So wie Max und Moritz hatte sie die Umgebung mit ihrem Verhalten oft schockiert und auch einigen Schaden angerichtet. Was dahintersteckte, wurde nicht verstanden, und so konnte auch Mona selbst ihr Verhalten nicht einordnen. Heftige Kämpfe zwischen ihr und ihrer Umgebung waren häufig und führten zu einer Art »Dschungelkrieg«, wo im schwierigen Gelände gegen einen nicht sichtbaren Feind gekämpft wird. Die Erkenntnis im Traum, dass die Kriegswerkzeuge nun nicht mehr benötigt werden, war deshalb für Mona sehr entlastend. Sie hatte auch in Realität gelernt, hinter ihren negativen Verhaltensweisen ihre verletzten Gefühle zu erkennen und diese in anderer Form im Umgang mit Menschen einzubringen. Das wird auch dadurch deutlich, dass Max und Moritz in der Zwischenzeit erwachsene junge Männer geworden sind, die sich gesittet benehmen. Sie stehen untereinander und mit der Träumerin in gutem Kontakt, was zeigt, dass diese ehemaligen Schatten-Figuren – sie symbolisieren ja »Hell und Dunkel« – reifer gewordene männliche Anteile ihrer Persönlichkeit sind. Die positiven Qualitäten dieser Animus-Figuren kann sie jetzt im Beruf und im Privatleben für ihre eigenen Ziele konstruktiv einsetzen.

Durch die Erfahrungen, die Mona in der therapeutischen Beziehung machen konnte, wurden in ihr Selbstheilungskräfte aktiviert, die sich nun in der symbolischen Gestalt der inneren Therapeutin im Traum zeigen. Diese Anima-Figur ist ihr wohlwollend zugewandt, sie kann mit ihr ihre Träume besprechen. Die Ablösung von der realen Therapeutin kann vollzogen werden, denn Mona hat ihre Heilungsmöglichkeiten in sich selbst gefunden, kann sich auf sie verlassen. Durch die Bewusstmachung von Animus und Anima verbessern sich einerseits die Beziehungen zur Umwelt, andererseits stärken diese inneren Gestalten das eigene Selbstvertrauen.

Dass wir die Bedeutung dieser Traumsymbole noch lange nicht ausgeschöpft hatten, zeigte sich, als Mona in die nächste Stunde ein Bild mitbrachte, das sie zum Traum gemalt hatte (farbiger Bildteil, Bild 2). Bei der gemeinsamen Betrachtung des Bildes ergaben sich überraschende Einsichten und Erkenntnisse, die wir durch die Besprechung des Traumes gar nicht hatten erfassen können.

Auf dem Bild sind die beiden Paare eng miteinander verbunden dargestellt. Durch Monas Kommentar, sie selbst und die Therapeutin sähen aus »wie Zwillinge«, wurde ihr frühkindliches Trauma nochmals Thema in der Therapie: Sie war mit einer Zwillingsschwester auf die Welt gekommen, die ein halbes Jahr nach der Geburt gestorben war. Zwillinge haben eine besonders tiefe Verbindung zueinander, und so hat der Tod der Schwester bei Mona eine schwere Verletzung hinterlassen. Die Aufgabe, das Leben ohne die Schwester allein zu meistern, erschien ihr manchmal als zu schwierig. Mit der heilsamen Gestalt der inneren Therapeutin wie Zwillinge vertraut miteinander verbunden zu sein, war für Mona ein wohltuendes und stärkendes Gefühl. Max und Moritz auf dem Bild empfand sie nicht mehr nur als destruktiv; die seien so eine Art kreative Trickster. Der Trickster in den Mythen ist weder gut noch böse, er ist listenreich und zugleich etwas ungeschickt. Er verkörpert das Prinzip der Vereinigung von Gegensätzen. So konnte auch Mona die Vieldeutigkeit des Lebens besser annehmen und ihre Verhaltensweisen den gegebenen Umständen anpassen.

Vielleicht fragen Sie sich jetzt: »Und die Unke, was bedeutet die?« Ich habe die Unke bis hierher aufgespart, um an diesem Beispiel zu veranschaulichen, was ein *Symbol* ist. Ein Symbol ist ein Bild, ein Gegenstand, eine Landschaft, ein Musikstück oder eben auch ein Tier, das immer mehr an Bedeutung enthält, als es darstellt. Wenn uns ein Symbol fasziniert, dann sind wir gefühlsmäßig bewegt, inspiriert, das Symbol beschäftigt uns und wir fühlen uns angeregt, uns näher damit zu beschäftigen. Den verborgenen Sinn eines Symbols können wir oft nur erahnen, weil dieser aus dem Unbewussten auf diese Gestalt übertragen wird und viele verschiedene Facetten umfasst. Diese unendlich vielen Bedeutungen können sowohl mit dem eigenen Leben zu tun haben, wo wir z. B. zu einem Ring, einem Brief oder einer Muschel eine besondere gefühlsmäßige Beziehung haben. Es gibt aber auch unzählige Symbole, welche die archetypischen Bilder der Menschheit enthalten. Denken Sie z. B. an das Kreuz, das in vielen Religionen eine spezielle Funktion im Leben der Gläubigen erfüllt. Symbole sind sichtbare Zeichen einer unsichtbaren Wirklichkeit und vermitteln uns neue Emotionen und Erkenntnisse. So zog auch die Gelbbauchunke im Traum Monas besondere Aufmerksamkeit auf sich. Das Traumsymbol wird damit zu einer Botschaft aus dem Unbewussten, die ein Entwicklungsthema enthält, welches es aufzunehmen gilt.

Unter den vielen Bedeutungen des Symbols der Unke war für Mona besonders wichtig, dass dieses Tier sich je nach Situation gut tarnen kann, dass es sich aber auch mit giftigen Absonderungen gegen Angreifer wehrt. In den kollektiven Bildern des Märchens von der *Zarewna Unke*[26] fand sich das Motiv der in eine Unke verwandelten Prinzessin, welches Mona tiefere Einsichten in die Schwierigkeiten ihres bisherigen Lebens vermittelte. Ihr Leben erhielt einen neuen Sinn durch die Erkenntnis, dass man von einer hässlichen Unke in eine wunderschöne Prinzessin zurückverwandelt werden kann, die über spezielle Fähigkeiten verfügt. Ihre Aufgabe war es, die »Tierhaut« abzulegen, unter der sie sich manchmal »wie verhext« fühlte, und sich in ihrem Leben als Mensch neu zu orientieren. Die Unke, die sich immer wieder häutet und sehr fruchtbar ist, ist ein Wandlungssymbol, welches bei Mona einen neuen Entwicklungsprozess in Gang setzte.

Die Beschäftigung mit den inneren Bildern und Symbolen vermag es, uns an die Quellen unserer eigenen schöpferischen Kraft anzuschließen. Durch das Malen werden die inneren Bilder konkret, sie werden wirklich, und das heißt, sie wirken. Spürbar wurde diese Wirkung für Mona dadurch, dass sie mit den Gefühlen in Kontakt kam, die im unbewussten Teil ihrer Psyche gespeichert waren. Ihr wurde bewusst, wie viele heilsame Bilder in ihrer Seele vorhanden waren, die sie als Ressource nutzen kann. Durch das Malen und die Begegnung mit dem gemalten Bild bekam sie wichtige Impulse zur Weiterentwicklung ihrer eigenen Persönlichkeit und zur Verbesserung ihrer Beziehungen. Ich werde später nochmals auf Monas Bild zurückkommen und weitere Facetten aufzeigen, die durch die Gestaltung im Bild erkennbar werden konnten.

5. Ein Ausflug in die Neurobiologie – Das Gehirn und die Bilder

Alles, was unser Auge sieht, wird erst im Gehirn zu einem aussagekräftigen Bild. Die optische Information, die das Auge erreicht, gibt nur einen kleinen Ausschnitt der Umgebung wieder. Verarbeitungsprozesse in unserem Gehirn sorgen dafür, dass wir die Umwelt auf so umfassende Weise wahrnehmen können, wie das für uns selbstverständlich ist. Gerald Hüther beschreibt in seinem lesenswerten Buch *Die Macht der inneren Bilder,*[27] auf welche Weise das Gehirn die Umwelt interpretiert und wie die inneren Bilder unser Leben beeinflussen.

Die Eindrücke, die wir von Farbe und Form bekommen, lassen uns z. B. ohne Probleme einen Apfel von einer Orange unterscheiden. Das Gehirn empfängt ein Muster aus Nervenimpulsen und setzt daraus in vielen Verarbeitungsschritten ein inneres Bild zusammen. Dabei greift es auf Erfahrungen zurück, die der Mensch oder seine Vorfahren in solchen Situationen gemacht haben. Diese Erfahrungen sind als innere Bilder in Form von bestimmten chemischen Verbindungen im jeweiligen Zellkern gespeichert. Sie können als überlieferte Handlungsmuster abgerufen und benutzt werden, um unsere Anpassungsprozesse an neue Bedingungen möglich zu machen.

Um diese Anpassungsprozesse näher zu erklären, möchte ich Sie jetzt zu einem kleinen Ausflug in die Welt der Neurobiologie einladen. In Bezug auf unser Gehirn gibt es nämlich eine wichtige Neuigkeit, die bisher allgemein nur wenig bekannt ist. Durch den Einsatz moderner Messverfahren haben die Hirnforscher in jüngerer Zeit Erkenntnisse gewonnen, die unser bisheriges Wissen über das menschliche Gehirn völlig verändern: Unser Gehirn ist nicht mit Abschluss der Entwicklungsphase fertig und baut danach nur noch ab, sondern es kann sich lebenslang weiterentwickeln. Auch im zunehmenden Alter bleibt das Gehirn veränderbar und lernfähig. Seine Entwicklung ist abhängig von den Erfahrungen, die wir machen, und wie wir diese Erfahrungen als neue Sichtweisen in unser Leben einbeziehen. Die neuronalen Netzwerke und Verschaltungsmuster im Gehirn können sich umorganisieren, wenn es einem Menschen gelingt, sein Gehirn anders als bisher zu benutzen.

> Sharon, eine amerikanische Studienkollegin, wurde durch einen Traum daran erinnert, dass sie schon als Kind sehr gerne Geige gespielt hätte. Als sie erkannte, wie lebendig dieses innere Bild in ihr immer noch war, entschloss sie sich im Alter von 42 Jahren, es mit dem Geige-Spielen wenigstens zu versuchen. Auf ihrem Weg zu diesem Ziel wurde sie mit den Vorurteilen konfrontiert, die bis dahin über die Fähigkeiten unseres Gehirns zirkulierten. Während der Verkäufer im Musikgeschäft zunächst meinte, die Geige sei wohl für ihre Tochter, lehnten mehrere Geigenlehrer einen Unterricht von vornherein ab. Als sie schließlich einen Geigenlehrer fand, der sie unterrichten wollte, war sie glücklich und übte täglich eine Stunde lang auf ihrem Instrument. Bevor sie nach zwei Jahren in ihre Heimat zurückkehrte, spielte sie in einem Quartett ein ansprechendes Abschiedskonzert.

Damit sich im Gehirn etwas ändert, muss man allerdings die bisherige Denkweise verändern. Sharon musste zunächst die Überzeugung in Frage stellen, dass es für sie zu spät sei, jetzt noch Geige-Spielen zu lernen. Sich mit diesem neuen inneren Bild von sich selbst den Vorurteilen der Umwelt auszusetzen, hat einigen Mut erfordert. Das Instrument spielen zu lernen bedeutete, sich von alten Verhaltensmustern und Bequemlichkeiten zu verabschieden und einiges an Frustration und Schmerzen zu ertragen. Diese Erfahrung habe ihr Selbstvertrauen enorm gestärkt, sagte Sharon am Ende ihres Aufenthaltes in der Schweiz.

Sharons Beispiel soll veranschaulichen, wie innere Bilder das Denken, Fühlen und Handeln eines Menschen bestimmen. Das gilt allerdings nicht nur für die positiven Bilder, die unsere Perspektive auf das Leben erweitern und uns stärken. Negative Bilder und Erfahrungen prägen ebenfalls unsere Verhaltensmuster und engen unsere Sicht auf das Leben ein, wie dies zum Beispiel Angst machende Bilder tun. Auf welche Weise wir mit den einmal erworbenen Vorstellungsbildern durch das Leben gehen, hängt davon ab, wie wir als Kinder gelernt haben, uns in der Welt zurechtzufinden. Viele Menschen unterdrücken besonders die negativen Gefühle. Da unser Gehirn lebenslang entwicklungsfähig bleibt, können hirnphysiologisch gesehen negative Prägungen im späteren Leben durch andere, positive Erfahrungen überformt werden, die uns neue Gefühle vermitteln.

Um würdigen zu können, was die Erkenntnisse der Hirnforschung für unser Thema bedeuten, ist es nützlich, zunächst etwas über den Aufbau des Gehirns und die Funktion der einzelnen Gehirnteile zu wissen. Die folgende Abbildung stellt die drei wichtigsten Funktionsbereiche des Gehirns vereinfacht dar; sie soll helfen, die anschließenden Erklärungen besser zu verstehen.

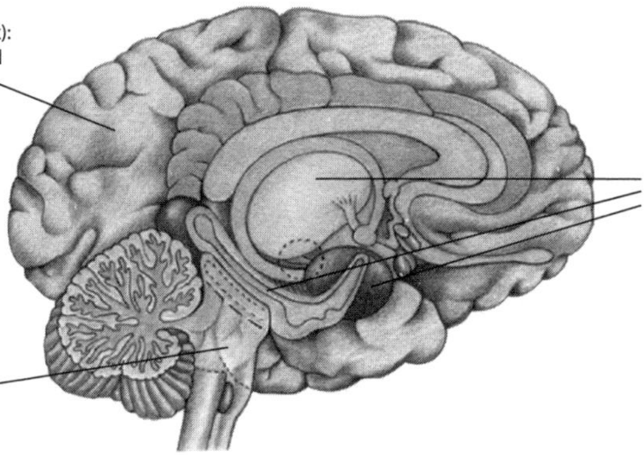

Abb. 3: Aufbau und Organisation des menschlichen Gehirns

Die drei großen Teile des Gehirns, die sich im Verlauf der Evolution nacheinander ausgebildet haben, sind das Stammhirn (Hirnstamm), das Limbische System und das Großhirn (Cortex). Diese anatomisch getrennten Strukturen sind in weitverzweigten Netzwerken durch Nervenbahnen miteinander verbunden, die dafür sorgen, dass die einzelnen Hirnbereiche zusammenarbeiten können.

Das Großhirn besteht aus zwei Bereichen, die unterschiedliche Funktionen haben. Die linke Hirnhälfte ist beim logischen Denken, bei der Sprache, beim Lesen, Rechnen und während der Konzentration aktiv. Die rechte Hirnhälfte ist dagegen im Wesentlichen für schöpferische Aktivitäten zuständig. Sie arbeitet mit bildhaftem, fantasiereichem und kreativem Denken. Die beiden Hirnhälften sind in der Mitte durch den sog. »Balken«, verbunden, über den ein ständiger Informationsaustausch zwischen beiden Seiten stattfindet. Optimales Denken und Handeln wird durch das Zusammenspiel beider Bereiche gewährleistet. Wenn wir den Text eines Liedes hören, achtet die linke Hirnhälfte auf die Worte, während die rechte Hirnhälfte die Melodie verarbeitet. Außerdem ist auch das Limbische System – der Bereich für unser Gefühl – beteiligt.

Das Limbische System steuert die Gefühle und sorgt dafür, dass der Körper sich im Gleichgewicht befindet. Dieses verzweigte Regulationssystem kontrolliert außerdem die Hormonausschüttung, das Hunger- und Durstzentrum, die Sexualität und einen wichtigen Teil des Langzeitgedächtnisses. Wesentlich ist, dass derselbe Teil des Gehirns, der die Gefühle steuert, auch für die Gesundheit zuständig ist. Das Limbische System kontrolliert aber auch zu gleichen Teilen die Emotionen und das Gedächtnis.

Das eigentliche Fundament bildet das Stammhirn, das so etwas wie das Betriebssystem des Menschen darstellt. Es steuert zahlreiche grundlegende Lebensprozesse wie z. B. Atmung und Herzfrequenz. Auch die Fluchtreaktion oder andere Instinkthandlungen werden hier ausgelöst. Sie sind als Vorstellungen und innere Bilder in alle Körperfunktionen eingewoben.

Es braucht die komplexe Zusammenarbeit aller Gehirnteile, um Gedanken, Gefühle und körperliches Erleben als zusammengehörig und ganzheitlich wahrnehmen zu können.

In der Hirnforschung konnten neue Erkenntnisse über das subtile Zusammenspiel von Gehirn und Psyche gewonnen werden. Dabei wurde besonders die große Bedeutung der Gefühle für alle Gehirn-Prozesse erkannt. Durch die Erfahrungen, die wir im Laufe unseres Lebens in der Beziehung zu anderen Menschen machen, entstehen Selbstbilder, Menschenbilder und Weltbilder. Dabei wird als Erfahrung nicht nur das gespeichert, was man in der jeweiligen Situation erlebt hat, sondern auch das, was man gefühlt hat. Unsere Reaktionen und Bewertungen werden durch die neuronalen Verschaltungsmuster gelenkt, die dabei entstehen. Diese sind später nicht leicht wieder aufzulösen. Damit im Gehirn neue Verschaltungen und somit neue innere Bilder entstehen können, müssen die emotionalen Zentren aktiviert werden und vermehrt neuroplastische Botenstoffe ausschütten. Daraus ergibt sich, dass Gefühle maßgeblich an allen Veränderungsprozessen beteiligt sein müssen.

Eine weitere Erkenntnis, über die sich alle Hirnforscher einig sind, ist die, dass das meiste, was in unserem Gehirn vor sich geht, grundsätzlich unbewusst ist. Das ist mit naturwissenschaftlichen empirischen Mitteln nun nachweisbar und bestätigt zum Teil die Grundannahmen von Sigmund Freud und C. G. Jung. Die Großhirn-Rinde repräsentiert unser Bewusstsein, mit dem wir unsere Lebenswirklichkeit wahrnehmen. Das Limbische System ist unbewusst, dort geschieht die emotionale Bewertung der Inhalte. Wir erleben das im Alltag als Gefühle, die uns entweder vor bestimmten Handlungen warnen oder unsere Handlungsplanung in bestimmte Richtungen lenken. Bewusstsein gibt es aber nur, wenn Teile der Großhirn-Rinde und das Limbische System zugleich aktiv sind und zusammenarbeiten, wenn also eine Einheit zwischen Gefühl und Verstand zustande kommt. Wir bereiten aktiv in der Großhirnrinde Entscheidungen vor, wägen Alternativen ab. Die Entscheidungen selbst sind aber an Gefühls-Prozesse gebunden und werden im Unbewussten getroffen.

Die Gefühle, die wir im Wach-Bewusstsein unter Kontrolle halten können, treten besonders in den Träumen ohne den Umweg über das Denken in Erscheinung. Unsere Erfahrungen und Gefühle werden in den Träumen zu Bildern verarbeitet. Dabei werden die inneren Bilder auf kreative Weise neu kombiniert. Gerald Hüther bezeichnet Träume als den »einzigen Spielplatz, auf dem wir tun und lassen können, was uns gefällt«.[28] In den Träumen können wir neue Verhaltensmuster spielerisch erproben. Eine negative Gemütsstimmung kann im Traum verarbeitet und neue positive Muster können entwickelt werden. Durch die Aktivierung von Gefühlen im Traum kommen starr gewordene Bilder in Bewegung, und positive innere Bilder werden wiederbelebt.

Was wir im Traum erlebt haben, kann durch Malen der inneren Bilder besser vermittelt werden als durch Worte. Wer mit Hingabe malt, ist ganz »bei sich«, erlebt Empfindungen, die ihn tief innerlich berühren. Indem uns diese Gefühle bewusst werden, entstehen durch die neue Erfahrung im Gehirn neue Bahnungen. Dadurch kommen Veränderungsprozesse in Gang, die uns von alten Bildern befreien und neue innere Bilder entstehen lassen. Das bildnerische Gestalten eines Traums verhilft uns also nicht nur zu einer vertieften Erkenntnis über uns selbst, sondern es wird uns auch ganzheitlicher bewusst, welche Lebensprozesse wir jetzt gerade bewältigen müssen. Gleichzeitig können wir neue Ideen entwickeln, wie bestimmte Probleme auch anders zu lösen wären. Durch den Ausdruck des im Traum Erlebten kommen wir in Kontakt mit unseren eigenen inneren Ressourcen. Wir gewinnen Vertrauen ins uns selbst, was immer auch bedeutet, mehr Vertrauen zu anderen Menschen zu bekommen. Ein neues Selbstbild entsteht.

Teil 2
Malen heißt, sich selbst entdecken

1. Malen: In Kontakt kommen mit sich selbst

Kreativität ist eine Eigenschaft, die in jedem von uns von Geburt an vorhanden ist. Jeder Mensch kann durch Malen auf seine persönliche Art den Weg zu einer kreativen Lebenshaltung finden.

Unsere Seele drückt sich gemäß C. G. Jung in Bildern aus: Das zeigt sich in Träumen, Erinnerungen und Symbolen, die unsere Gefühle widerspiegeln. In jüngster Zeit hat, wie im vorigen Kapitel beschrieben, auch die neurobiologische Forschung entdeckt, wie stark die inneren Bilder und die damit zusammenhängenden Gefühle unser Leben prägen: Das Gehirn braucht die menschlichen Gefühle, um zu denken, zu entscheiden und die Probleme zu bewältigen, die ihm das Leben bringt.

Das Erleben und die Regulierung der Gefühle sind wichtige Faktoren für unsere psychische Gesundheit. Der Zugang zu unseren Emotionen – und damit meine ich die Gesamtheit unserer Stimmungen, Gefühle und Affekte[29] – ist der Zugang zu unseren Ressourcen. Die Emotionen werden durch das bildnerische Gestalten erlebbar, was uns eine vertiefte Erkenntnis über uns selbst vermittelt und gleichzeitig die Beziehung zu anderen Menschen verbessert. Indem wir beim Malen unseren Gefühlen folgen, setzen wir uns in Beziehung zu unserer eigenen Identität.

Ein Gefühl, das für die kreative Entfaltung unseres Wesens besonders wesentlich ist, ist die Freude. Freude ist das wichtigste Gefühl, das wir beim Malen empfinden sollten. Für viele von uns sind aber Freude und Malen nicht miteinander zu vereinbaren: für die einen deshalb, weil sie glauben, nicht malen zu können, für die anderen, weil sie so hohe Ansprüche an ihre Bilder stellen, dass erst gar keine Freude aufkommen kann. In beiden Fällen geraten wir in eine Anspannung und ein Gefühl des Unbehagens, das uns sowohl von der Freude als auch von der ureigenen Quelle der Kreativität trennt. Im nächsten Kapitel werde ich die Gründe für die Überzeugung, nicht malen zu können, näher erläutern und Möglichkeiten aufzeigen, wie wir mit den Mal-Blockaden kreativ umgehen können.

Ich möchte Sie ermutigen, die ursprüngliche Freude am Malen wiederzuentdecken, die Sie sicher auch einmal hatten. Jeder Mensch kann malen! Alles, was man dazu braucht, ist der Wunsch, sich auszudrücken, und den Mut, sich auf spontane Malversuche einzulassen. Darauf zu vertrauen, dass nur Sie so malen können, wie Sie malen. Die Bilder, die wir malen, sind der sichtbare Ausdruck unseres emotionalen Lebens. Wer mit Hingabe malt, ist ganz »bei sich«, vergisst in seiner schöpferischen Freude Zeit und Raum. In solchen Momenten sind wir angeschlossen an das schöpferische Prinzip, das den ganzen Kosmos erfüllt. Die Faszination des Malens liegt dann im Malen selbst. »Indem man seiner Freude folgt, bringt man sich gewissermaßen auf eine Spur, die schon immer da war und auf einen wartete«,[30] sagt Joseph Campbell. Diese Erfahrung scheint Hermann Hesse in einer Zeit der inneren Not gemacht zu haben. Durch seine Erlebnisse im Ersten Weltkrieg hatte er keine rechte Freude mehr am Schreiben: »Eine Freude aber muss der Mensch haben [...]. Das Verlangen nach diesem bisschen Freude, das war nun eine von jenen kleinen Flammen in mir, an die ich noch glaubte und aus denen ich mir die Welt wieder neu zu schaffen dachte.«[31] Und so »entdeckte« er plötzlich eine ganz neue Freude: das Malen. »Ich fing, schon vierzig Jahre alt, plötzlich an zu malen. Nicht dass ich mich für einen Maler hielte oder einer werden wollte. Aber das Malen ist wunderschön, es macht einen froher und duldsamer.«[32]

Schöpferische Pause

Was löst bei Ihnen Freude aus? Nehmen Sie sich einen Moment lang Zeit, um darüber nachzudenken. Wie haben Sie Freude erlebt in Ihrem Leben? An welche Situationen erinnern Sie sich? Wie nehmen Sie Freude wahr? Spüren Sie das körperlich? Wie drücken Sie Freude aus? Gehen Sie auf eine Entdeckungsreise, indem Sie eine »Freudenbiografie«[33] darüber erstellen, wie Sie Freude als Kind erlebt haben und an welche Freudensituationen in den verschiedenen Altersstufen Sie sich erinnern. Möglicherweise erinnern Sie sich auch daran, wann Freude aus Ihrem Leben verschwunden ist, auf welche Weise sie gedämpft und gehemmt wurde. Wenn Sie Freude malen würden: Wie würde das aussehen? Wie ein ruhiger Fluss oder eine gewaltige Explosion? Welche Farbe hat Ihre Freude? Ist sie gelb wie die strahlende Sonne, rot wie ein loderndes Feuer oder grün wie die Bäume im Frühling? Lassen Sie sich durch meine Vorschläge nicht festlegen: Ihre Freude kann türkis sein oder violett – es ist Ihr ureigenster Ausdruck von Freude.

»Uns mit Sorgfalt um unsere eigenen Gefühle zu kümmern, bedeutet bereits, dass wir uns kreativ und schöpferisch verhalten«,[34] sagt Thomas Lüchinger. Indem wir uns mit Sorgfalt um alle unsere Gefühle kümmern – auch um die traurigen, wütenden oder ängstlichen Empfindungen – gelingt es uns, unsere Gefühlszustände besser zu regulieren und aktiv immer wieder zu einem inneren Gleichgewicht beizutragen. Jedes Bild kann als Symbol betrachtet werden, in dem unsere Gefühle eine Gestalt bekommen. Verena Kast bezeichnet Symbole als »Brennpunkt der psychischen Entwicklung«.[35] Als Brennpunkt wird in der Optik der Punkt bezeichnet, in dem bei einer optischen Linse alle parallelen Lichtstrahlen vereinigt werden. So kommen auch im Bild als Symbol zentriert alle Gefühle, Meinungen und Erfahrungen zusammen, die wir gemacht haben. Was durch den Pinsel oder den Farbstift auf das Papier geflossen ist, lässt uns aber auch die schöpferischen Impulse und Entwicklungstendenzen aus dem Unbewussten erkennen, die wir aufnehmen und verfolgen können.

Um diese aktive Selbstregulierung der Gefühle betreiben zu können, müssen viele von uns erst einmal lernen, sich auch schwierige Gefühle, z. B. die schlechte Laune oder die Wut, einzugestehen. Gefühle machen vielen Menschen Angst. Sie fürchten vielleicht, für schwach, unkontrolliert oder hysterisch gehalten zu werden. Um lieber nicht von den Gefühlen überwältigt zu werden, nehmen sie die extreme Haltung von »keine Gefühle zeigen« ein und sind dadurch vom Reichtum ihrer Gefühlswelt abgeschnitten. Jeder Moment im Leben wird durch Gefühle begleitet. Um authentisch sein zu können, ist es wichtig, dass wir die Vielfalt unserer emotionalen Facetten leben und erleben. Wenn wir meinen, uns vom Schmerz oder der Trauer abschneiden zu können, dann blockieren wir gleichzeitig unsere Empfindungen von Freude oder Begeisterung. So wie in einem Bild die dunklen Schatten dem Ganzen erst Profil geben, so gehört auch die gesamte Farbpalette der Gefühle zu unserem Leben. Sich in kleinen Schritten allen Gefühlen zu nähern und sie konstruktiv auszudrücken, hilft, die Intensität der Gefühle zu beeinflussen.

C. G. Jung hat in seinen Erinnerungen beschrieben, wie er einmal einen aufgewühlten Gefühlszustand bewältigen konnte: »In dem Maße, wie es mir gelang, die Emotionen in Bilder zu übersetzen, d. h. diejenigen Bilder zu finden, die sich in ihnen verbargen, trat innere Beruhigung ein.«[36] Das bedeutet, dass wir dann, wenn wir uns den Emotionen zuwenden und sie gestalten, zu uns selbst und zur inneren Ruhe kommen. Wir finden den Zugang zu dem inneren Raum, wo wir im Einklang mit uns selbst sind. Jung war davon überzeugt, dass ein Mensch, der die läuternde Wirkung des Malens aus dem Unbewussten einmal bei sich erlebt hat, immer wieder auf dieses Mittel zurückgreifen wird. Ich kann dem aus meiner therapeutischen Erfahrung nur beipflichten: Es kommt immer wieder vor, dass Menschen von sich aus weitermalen, nachdem sie zum ersten Mal Erfahrungen mit dem bildnerischen Gestalten gemacht haben.

Der 30-jährige Andreas litt unter lebensbedrohlichen körperlichen Symptomen (Lähmungszustände), die auch als Symbole für seine seelische Not angesehen werden konnten. Einmal erzählt er von einer traumatischen Situation aus seiner Kindheit: Er sei allein zu Hause gewesen und habe einen Asthma-Anfall bekommen, bei dem er Todesängste ausgestanden habe zu ersticken. Auf meine Anregung hin malt er das innere Bild dieser Erinnerung. Als ich ihn fragte, was dieses Kind heute brauchen würde, malte er sich selbst als erwachsenen Mann in das Bild hinein, um dem Kind in seiner Angst beizustehen. In die nächste Stunde brachte mir derselbe Mann ein von ihm gemaltes Bild mit, in dem er seinen aktuellen Liebeskummer ausgedrückt hatte. Da ich ihn in keiner Weise zum Malen von weiteren Bildern ermuntert hatte, muss die Idee, seinen Schmerz durch das Malen zu lindern, aus dem Inneren des Patienten selbst gekommen sein.

Die Beschäftigung mit den inneren Bildern durch Malen bringt den Menschen auch ohne Unterstützung durch eine Therapeutin näher an deren Bedeutung heran. Denn mit diesem sichtbar gewordenen Teil der Psyche kann man dann wie mit einem richtigen Gegenüber eine Beziehung aufnehmen, sich mit ihm auseinandersetzen. Es kann sinnvoll sein, die gemalten Bilder aufzuhängen, sie hin und wieder zu betrachten und sie in ihrer Ausstrahlung immer wieder einmal auf sich wirken zu lassen.

Übung: Malen Sie Ihre momentanen Gefühle
Schließen Sie die Augen, um zur Ruhe zu kommen. Lenken Sie Ihre Aufmerksamkeit darauf, in welcher Stimmung Sie jetzt gerade sind. Bleiben Sie für ein paar Atemzüge in dieser Ruhe. Nehmen Sie dann ein Blatt, das groß genug sein sollte. Sie können alle Farben verwenden, die Ihnen zur Verfügung stehen: Wasserfarben, Wachsmalstifte oder Buntstifte. Und dann malen Sie einfach drauf los, 20 Minuten lang, zügig und ohne anzuhalten. Nehmen Sie an, was immer kommen will. Drücken Sie in Farben und Formen aus, wonach Ihnen jetzt zumute ist. Dabei können abstrakte Formen, Linien oder Punkte entstehen. Aus einer Form entwickelt sich vielleicht die nächste, eine Linie bietet sich an, die Sie verfolgen wollen. Lassen Sie sich keine Zeit, zu werten, was Sie malen. Wenn Sie das Gefühl haben, nichts »Anständiges« zu vollbringen, so sind dies wahrscheinlich Gefühle der Unsicherheit, Zweifel oder der Angst. Und genau diese Gefühle wollen jetzt auf das Papier gebracht werden. Es geht nicht darum, ein Bild zu malen, sondern Ihre Gefühle, die sonst diffus und ungestaltet in Ihnen sind. Lassen Sie sich von Ihren Gefühlen leiten. So können Feuer oder Wasser, ein Selbstbildnis oder irgendwelche Personen, eine Landschaft, eine Höhle, ein See, Gespenster oder Kobolde, ein Adler oder ein Elefant unter Ihren Händen entstehen. Sie können das Blatt auch nur mit einer Farbe füllen, die Ihrer Stimmung entspricht, und wenn Sie alles schwarz malen wollen, dann tun Sie es. Vertrauen Sie sich Ihren Gefühlen an, die so zum Ausdruck kommen wollen.

Betrachten Sie das Bild, wenn Sie fertig sind. Welche Gefühle löst es aus? Betrachten Sie es aus einer gewissen Entfernung: Erkennen Sie etwas darin, das Sie weiter verfolgen sollten? Spricht Sie eine bestimmte Farbe oder Form besonders an? Woran werden Sie erinnert? Können Sie sich so akzeptieren, wie Sie sich ausgedrückt haben?

Diese Übung können Sie jederzeit zwischendurch machen, wenn Sie spüren, dass etwas in Ihnen zum Ausdruck kommen will. Auf diese Weise können wir uns »ins Bild setzen« über eine Situation und die damit verbundenen Gefühle. Wenn uns bewusst wird, was uns begeistert, stört oder hemmt, dann kann diese Erkenntnis wegweisend dafür sein, wie wir mit unseren Gefühlen konstruktiv umgehen können.

Um mit uns selbst in Kontakt zu kommen, brauchen wir Momente in unserem Leben, in denen wir uns nur uns selbst gegenüber verpflichtet fühlen. Es gehört einige Entschlossenheit dazu, sich Zeit zu nehmen für die eigene Kreativität und dadurch dem Alltagstrott, dem größten Feind der Kreativität, zu entkommen. Eine Mal-Übung von 20 Minuten kann ausreichend sein, sie sollte aber ausschließlich für das Malen reserviert sein und nicht schnell zwischen den beruflichen Pflichten oder der Arbeit im Haus eingeschoben werden. Am besten ist es, einmal pro Woche eine gewisse Zeit einzuplanen, die nur dem »inneren Künstler, der inneren Künstlerin« in uns gehört. Unsere Seele braucht die verlässlich eingeräumte Zeit als Spielraum, um neue Wege auszuprobieren, Erfahrungen zu sammeln, Schwierigkeiten zu bewältigen oder neue Techniken zu finden.

Das Wort vom Spielraum bringt mich zum Raum, den wir zum Malen brauchen. Sie können mit einfachen Mitteln einen »Malraum« für sich gestalten. Ein Tisch, auf dem Sie Ihre Malutensilien liegen lassen können, damit Sie sie zur Verfügung haben, wenn Sie Ihre »Mal-Zeit« nehmen wollen, ist als Ausgangspunkt völlig ausreichend. Oder bespannen Sie eine Wand und den Boden davor mit Plastikfolie und malen Sie im Stehen an der Wand, auf der Sie das Papier befestigt haben. Eine größere Ausgabe ist die Anschaffung einer Staffelei, wie es sie in den verschiedenen Hobby-Märkten zu kaufen gibt. Welche Form Sie auch immer in Ihrer Umgebung einrichten können: Sie sollten einen Raum haben, in dem Sie unbehelligt malen können. Niemand sollte Sie beim schöpferischen Gestalten stören können oder das, was Sie gestalten, kommentieren oder kritisieren. Dies ist der Ort, an dem Sie Ihre inneren Bilder in Ihr Leben hineinmalen können. Ein Ort, an dem Sie erfahren, was Sie sind und was Sie sein könnten. Sich an diesem heilsamen Ort immer wieder einen Augenblick lang aufzuhalten und bei Ihrem Bild zu verweilen, macht Sinn, auch wenn Sie nur einige wenige neue Pinselstriche oder Farbflächen hinzufügen. Es geht darum, dass Sie mit Ihrer schöpferischen Kraft in Kontakt bleiben.

Das Material, das Sie verwenden, hat einen wesentlichen Einfluss auf den Verlauf des kreativen Prozesses. Farben, Pinsel und Papier sollten wie Freunde sein, mit denen Sie einen liebevollen Umgang pflegen. Lassen Sie sich auch hier von Ihren Gefühlen leiten: Probieren Sie alle Farben einmal aus und wählen Sie dann die Farben, die Ihnen in ihrer

Ausdrucksform am meisten entsprechen. Wachsmalstifte und Wasserfarben eignen sich gut; auch Gouache-Farben, wie es sie als Schulfarbkästen zu kaufen gibt, sind geeignet. Sie können aber auch Filzstifte, Buntstifte oder Fingerfarben nehmen. Ich selbst bevorzuge Farbkreiden, die später mit Wasser noch vermalt werden können.

Über die drei Grundvoraussetzungen für künstlerische Kreativität – Zeit, Raum und Material – Bescheid zu wissen, ist als Basis für Ihren Aufbruch zur eigenen Kreativität wichtig. Nur wer weiß, was prinzipiell möglich oder machbar ist, kann dieses Wissen für seine Ideen einsetzen. Wenn Sie die eine oder andere Erkenntnis beim Lesen angeregt hat, Bilder zu gestalten, dann setzen Sie es am besten so schnell wie möglich um. Falls Sie aber spüren, dass Sie bezüglich des bildnerischen Gestaltens immer wieder auf Blockaden stoßen, so ist es gut, sich diese zuerst bewusst zu machen. Was Ihren Zugang zum Malen hemmt und behindert, muss erkannt und gebannt werden, damit Sie unbeschwert Ihrer Fantasie freien Lauf lassen können. Dazu ist es nützlich, sich im nächsten Kapitel mit den »inneren Kritikern« auseinanderzusetzen, Abstand von ihnen zu gewinnen und sie durch kreative Methoden zu überlisten.

2. »Ich kann aber nicht malen!« – Wie man den inneren Kritiker überwindet

Die meisten Menschen denken, sie könnten nicht malen. Das hat vor allem mit dem irrigen Gedanken zu tun, dass sie meinen, sie müssten so malen können, wie dies ein Künstler oder eine Künstlerin kann. Das bedeutet, dass bereits zu hohe Ansprüche an das Ergebnis dem im Weg stehen, worum es eigentlich geht: um spielerisches Gestalten mit allen Sinnen. Das Experimentieren mit Formen und Farben hat nichts mit »Können« zu tun. Es geht vielmehr darum, durch Malen und Gestalten eine dem eigenen Wesen entsprechende Ausdrucksform zu finden.

Als Kinder tragen wir schon alles in uns, was es zum kreativen Gestalten braucht. Aber auf dem Weg zum Erwachsenwerden verlieren wir die Unbefangenheit der kindlichen Gestaltungsfreude. Im Laufe der Entwicklung betrachten wir unsere Gestaltungen mehr und mehr mit kritischen Augen und laufen dementsprechend Gefahr, das Vertrauen in dieses Potenzial zu verlieren. Parallel dazu entwickelt sich in uns eine Kraft, die ich als den »inneren Kritiker« bezeichnen will – eine innere Stimme, die sich sofort meldet, sobald wir etwas gestalten sollen. Unfreundlich kommentiert sie unsere Handlungen und Absichten: »Das ist kindisch, falsch, dumm, hässlich.« Gefühle der Unzulänglichkeit und Minderwertigkeit gehen damit einher. Der Zugang zu unserem schöpferischen Potenzial ist blockiert. Auf diese Weise verhindert der innere Kritiker jeglichen spontanen und unbekümmerten Gestaltungsdrang.

Vielen Menschen ist gar nicht bewusst, dass sie diesen inneren Kritiker haben und wie stark diese Kraft in ihnen wirkt. Daher muss man den eigenen inneren Kritiker erst erkennen – und das kann durchaus auch eine innere Kritikerin sein. Diese streng urteilende Instanz fängt an, sich zu entwickeln, wenn wir noch sehr klein sind, so etwa ab dem ersten bis zweiten Lebensjahr. In dieser Zeit sind wir noch sehr verletzlich, empfinden schmerzhaft, was wir als Beurteilungen von anderen erleben. Die oft gut gemeinten Kommentare zum Gemalten von Eltern oder Erzieherinnen können die eigenständige schöpferische Entwicklung des Vorschulkindes eher behindern, als dass sie diese fördern. In der Schulzeit wird dann die Fähigkeit, etwas darzustellen, benotet. Das

Resultat beim Gestalten wird als viel wichtiger angesehen als der unverwechselbare eigene Stil des Kindes. Wenn seine Wahrnehmung und sein individueller Ausdruck zu sehr korrigiert und verändert werden, so glaubt ein Kind mit der Zeit, dass andere Menschen besser wissen, wie und was es malen sollte. Es schämt sich, wenn es dem nicht entsprechen kann, was vermeintlich von ihm erwartet wird.

Die Angst vor weiteren Verletzungen lässt uns danach suchen, wie wir uns vor der Beschämung schützen können. Wir gehen dazu über, in uns selbst schon vorher alles zu kritisieren, was möglicherweise zur Kritik von außen Anlass geben könnte. Was ursprünglich zum Schutz gedacht war, entwickelt sich nun aber zum Bremsklotz für unsere Weiterentwicklung, da uns der Weg zur Quelle unserer eigenen Kreativität versperrt ist.

Es lohnt sich, darüber nachzudenken, welche negativen Erfahrungen Sie mit dem Malen und Gestalten in Ihrem Leben gemacht haben. Dort ist der Teil der Persönlichkeit entstanden, der unsere Handlungen vorschnell beurteilt, ohne dass wir uns die Freiheit erlauben können, einfach drauflos zu malen.

Schöpferische Pause

Erinnern Sie sich an die Zeit, als Sie fünf, sechs oder sieben Jahre alt waren? Gibt es vielleicht noch einige Zeichnungen aus dieser Zeit? Märchenbücher, in die Sie ein eigenes Bild Ihrer Lieblingsgeschichte gemalt haben? Haben Sie einmal ein Bild jemandem geschenkt, der es ohne Kommentar auf die Seite legte? Oder erinnern Sie sich, wie jemand Sie gefragt hat: »Was ist das denn Schönes, was Du da malst?«, und Sie eigentlich gar nichts erklären konnten oder wollten? Auch Kommentare, wie z. B. »Das sieht aber in Wirklichkeit ganz anders aus!« geben der Malerin das Gefühl, das, was sie gemalt hat, sei nicht in Ordnung.

Der Blick zurück in die Kindheit hilft zu erkennen, bei welchen Gelegenheiten die Muster entstanden sind, mit denen wir versucht haben, unser Selbstwertgefühl aufrechtzuerhalten. Diese hindern uns später daran, die eigene Kreativität zu leben. Meiner Erfahrung nach erkennen Menschen sehr schnell die Eigenschaften des Kritikers, wie er in ihrem Inneren wirkt, wenn sie ihn erst einmal identifiziert haben. Er verrät sich durch die unfreundlichen Botschaften, mit denen er unsere eigenen Einstellungen und Handlungen, kommentiert: »Du kannst noch nicht einmal …«, »Das solltest du doch besser können« usw.

Oft hat man das so in sich aufgenommen, dass man nicht einmal merkt, wie destruktiv das ist. Man hält diese Botschaften für eine Stimme der Realität. Es geht aber nicht nur um Gedanken und das, was man »innere Stimme« nennen kann. Damit verbunden sind auch viele Gefühle: Angst, Verunsicherung, Verzweiflung. Hinter dem inneren Kritiker steht das verletzte Kind, das tiefe Angst davor hat, zurechtgewiesen und nicht mehr geliebt zu werden. Diese Angst hemmt die Freude am Gestalten. Der innere Kritiker ist eine Erlebnisweise, die uns lähmt und entmutigt.

Schöpferische Pause
Durch Fragen können wir den inneren Kritiker genauer kennen lernen: Ist das ein Freund oder guter Ratgeber? Woher kommen die kritischen Sätze? Hatten Sie Geschwister oder Schulfreunde, die »schöner« malten und daher mehr gelobt wurden? Wessen Stimme meldet sich da? Welche unlösbare Aufgabe verlangt sie von mir? Klingt die Botschaft so autoritär, als sei sie unfehlbar?

Wenn uns dieser behindernde Teil unserer Persönlichkeit bewusst wird, können wir Abstand zu ihm bekommen und anders mit unserer schöpferischen Gestaltungskraft umgehen. Durch den bewussten Umgang mit dem inneren Kritiker ändert sich die die Bedeutung und die Macht, die wir ihm zuschreiben.

Michele Cassou hat für den Kritiker, der in verschiedenen Gestalten in uns wohnt, die symbolische Gestalt eines Drachen gefunden.[37] Sie unterscheidet drei Erlebnisqualitäten, in denen er sich zeigt: der Ergebnisdrache, der Kontrolldrache und der Bedeutungsdrache. Alle drei greifen blitzschnell ein, wenn sich ein Mensch mit dem Malen beschäftigt. Sie ernähren sich von Kritik, Vergleichen und Beurteilen.

- Der Ergebnisdrache will, dass man ganz genau plant, wie das fertige Bild aussehen soll. Er orientiert sich am Erfolg und droht mit dem Gefühl des Versagens, wenn das Ergebnis nicht den Erwartungen entspricht.
- Der Kontrolldrache verhindert, dass man sich beim Malen ins Unbe-

kannte wagt, und sorgt durch Angst dafür, dass man nicht unbekümmert erforscht, was man dort entdecken könnte.

- Der Bedeutungsdrache fordert, dass man seine schöpferischen Werke analysiert und interpretiert. Was man malt, soll eine wichtige Bedeutung haben.

Wenn ich mir diese drei Gestalten bildlich vorstelle, als schnaubende und drohende Ungeheuer, so wird schnell klar, dass diese drei uns den Weg zur eigenen Kreativität versperren, indem sie uns die Spontaneität rauben, uns von der Suche nach der ureigensten Ausdrucksweise fern halten und unsere Intuition unterdrücken.

Um herauszufinden, wie wir mit den Kritik-Drachen umgehen können, müssen wir die Mittel anwenden, die auch in den Märchen hilfreich sind. Das heißt zunächst einmal, mutig in den Drachenkampf zu ziehen, was aber nicht bedeutet, mit Waffen zu kämpfen, zu schimpfen oder auch zu verurteilen. Um uns unsere unbekümmerte Kreativität zurückzuerobern, braucht es den Mut und die Entschlossenheit, diesen Monster-Kreaturen entgegenzutreten und ihnen all die Schutzhäute abzuziehen, wie sie uns im Laufe des Lebens gewachsen sind. Ist dies geschehen, können wir mit dem verletzten Teil unserer Seele mitfühlend Kontakt aufnehmen. Wenn wir gut zuhören, wird der Drache uns erzählen, dass er eigentlich ein Wesen der Freude und des Spiel war, bis man ihn gebunden und zu Regeln verpflichtet hat. Dass er zum Drachen wurde, um uns vor weiteren Verletzungen zu schützen. Diesen Schutz brauchen wir nicht mehr, wenn wir Mitgefühl mit dem spielerischen Kind entwickeln, das sich aus Angst nicht mehr zeigen wollte. Im Vertrauen darauf, dass wir als Teil der Natur an das schöpferische Prinzip angeschlossen sind, können wir Frieden schließen mit dem, was wir sind, und Vertrauen in unsere eigenen schöpferischen Kräfte entwickeln.

Um die Unbekümmertheit im schöpferischen Gestalten zurückzugewinnen, ist es hilfreich, sich an den Kindern zu orientieren, die noch unbekümmert gestalten können (wenn sie dürfen). Und das bedeutet zunächst: Jede Absicht aufgeben! Man muss einmal die Erfahrung gemacht haben, wie wohltuend absichtsloses Kritzeln in gewissen Situationen wirken kann. Manchmal hilft dabei der Zufall: Marion Milner entdeckte bei einem Telefongespräch, wie durch das Kritzeln entsprechender Figuren ein Ärger verschwand, den sie vorher empfunden hatte.[38] Die Erfahrung, dass Malen unsere Gefühlslage beeinflussen kann, betrachtete sie als Wendepunkt ihres Lebens. Zu Beginn war es schwierig für sie, Bilder nicht mit dem Willen zu gestalten. Wenn es ihr aber gelang, Auge und Hand das tun zu lassen, was ihnen gefiel, erlebte sie mit den Bildern einen Zugang zu sich selbst, der ihr vorher nicht möglich war.

Es gibt verschiedene *Methoden*, die helfen, die Kritiker-Drachen zu überwinden. Dazu ist ein bisschen List hilfreich. Wir müssen so weit wie möglich ausschalten, dass wir beim Malen auf das Ergebnis fokussiert sind, dass wir jeden Pinselstrich kontrollieren müssen oder dass wir meinen, was wir malen, müsse etwas Wichtiges bedeuten. Wir müssen eine Vorgehensweise wählen, mit der die Drachen entkräftet werden.

Um uns auf diese Tätigkeit einzustimmen, wählen wir zuerst die *Kritzelkrakel-Übung*. Sie entspannt und polt das Gehirn auf die kreative Seite um: Füllen Sie ein beliebig großes Blatt mit horizontalen und vertikalen Linien, ohne abzusetzen. Ziehen Sie die Linien von oben nach unten und von links nach rechts so lange, bis das Blatt gefüllt ist. Diese Übung hat den Vorteil, dass das Bild weder schön noch bedeutend sein muss. Fühlen Sie sich gestärkt, eine nächste Aufgabe anzugehen?

Dann könnten Sie jetzt einen *Urknäuel* malen: Er wird so genannt, weil diese Form oft das Erste ist, was Kinder malen. Nehmen Sie einen Farbstift oder eine dicke Wachsmalkreide und machen Sie mit geschlossenen Augen eine Kreisbewegung auf ein Blatt. Sie können einen oder mehrere Kreise malen, eine Spirale, bei der Sie von außen nach innen kreisen oder von einem Punkt aus immer größer werden. Bleiben Sie einige Zeit in dieser kreisförmigen Bewegung, die allmählich einen eigenen Rhythmus entwickeln wird. Spüren Sie ein Gefühl, das dabei aufkommt?

Falls sich nach dem Malen der Kreise der innere Kritik-Drachen mit dem Kommentar meldet, Ihr Kreis sei eher ein Ei, ein spiralförmiges Unding oder – noch schlimmer – urteilt, das sei doch nichts Besonderes –, dann hilft es, wenn Sie an den Drachenkampf denken und ihn austricksen. Eine Möglichkeit ist, dass Sie ihn zwar wahrnehmen, dass Sie dem, was er sagt, aber keine Bedeutung beimessen. Treten Sie in einen inneren Dialog mit ihm: »Ich weiß, was du jetzt wieder zu kritisieren hast. Aber ich mache jetzt mal ein Experiment. Lass mich einfach malen. Mal sehen, was daraus wird. Falsch oder richtig, gut oder schlecht hat jetzt keine Bedeutung.«

Wenn das zu wenig wirkt, dann hilft es, den inneren Kritiker greifbar zu machen, indem Sie ihn malen. Je nachdem, welches Bild bei diesem Gedanken in Ihnen auftaucht, kann das ein Drache, eine hämische Hexe oder auch ein einfaches Strichmännchen mit einem scharfen Säbel sein. Malen Sie einen stabilen Zaun um die Figur herum und freuen Sie sich darüber, dass Sie diesen Quälgeist gebändigt haben. Falls es noch stärkere Mittel braucht: Legen Sie das Blatt in eine Schublade oder Kiste, die Sie gut verschließen, oder verbannen Sie ihn in ein anderes Zimmer. Dort bleibt er, während Sie malen.

Vielleicht wollen Sie eine spontane Art des Malens probieren, die in der Kunst als das »Action-Painting«, bekannt ist? Der Künstler Jackson Pollock hat diese Gestaltungsmethode erfunden. Er schleuderte die Farbe auf die auf dem Boden liegende Leinwand und malte dann daraus mit Pinseln und Spachteln, wo ihn die spontane Bewegung hinzog. Sein Vorbild inspirierte eine ganze Gruppe von Künstlern, die beim Malen keine konkreten Vorstellungen umsetzen wollten. Im Vordergrund stand immer nur der Prozess, den sie dabei erlebten.

Übung zum Action-Painting

Klecksen Sie eine flüssige Farbe Ihrer Wahl auf ein Blatt. Schauen Sie mit zusammengekniffenen Augen an, was da entstanden ist. Wo wollen Sie etwas weiterführen? Gehen Sie mit Ihrer eigenen Bewegung ins Bild und gestalten Sie so lange, bis Sie das Gefühl haben, es ist fertig. Und denken Sie daran: Es muss überhaupt nichts darstellen. Wenn sich Künstler diese Form der Gestaltung erlauben können, dann dürfen Sie das auch!

Kennen Sie Fingerfarben? Die sind eigentlich für Kleinkinder gedacht, weil sie weniger Schadstoffe enthalten. Man taucht mit den Fingern in die kleinen Farbtöpfchen hinein und malt dann auch mit den Fingern. Das ist ein sinnliches Erlebnis mit einer angenehmen Begleiterscheinung: Vielen Menschen nimmt das Malen mit den Händen ihre Hemmungen.

Übung: Schmieren mit Fingerfarben
Lassen Sie Ihre Finger dorthin gehen, wo es gerade Freude macht. Kreisen, tupfen, schmieren Sie nach Herzenslust – spüren Sie, was Ihnen und Ihrem Körper jetzt gut tut. Dazu sollte das Blatt, auf dem Sie malen, ausreichend groß sein, damit sich Ihre Bewegungen frei entfalten können.

Für den Kampf mit dem Kritik-Drachen gibt es noch andere Mittel: Malen Sie mit der linken Hand, wenn Sie Rechtshänderin sind, oder mit der rechten, wenn Sie Linkshänder sind. Schließen Sie die Augen, während Sie malen – das hilft Ihnen, nicht zu kontrollieren, und befreit Sie vom Anspruch, etwas perfekt malen zu müssen. Gehen Sie in eine Malgruppe, in der die entstandenen Werke nicht bewertet oder gedeutet werden. Und fragen Sie sich hier und da: »Wie würde ich denn malen, wenn es nicht schön, bedeutend oder perfekt sein müsste?«

Wie im Märchen gilt es, außergewöhnliche Wege zu gehen, um den Drachen zu überwinden und die verwünschte Prinzessin oder den Prinzen darin zu erlösen. Wir müssen uns von den hemmenden Vorurteilen und Vorstellungen befreien, damit der Kontakt zu unserer schöpferischen Begabung wieder möglich wird, eine Begabung, die lediglich verkümmert, aber nie ganz verschwunden ist. Die Beschäftigung mit Farbe, Form und Bewegung kann den Weg zu dieser angeborenen Fähigkeit frei machen und zur plötzlichen Erkenntnis führen: »Aber ich kann es ja!«

3. Malen mit Herz und Seele – Anleitungen und Impulse

Wenn man die Fähigkeiten zum kreativen Gestalten trainieren will, sind zwei Grundbedingungen nötig: Erstens muss man sich wirklich auf die kreativen Prozesse einlassen wollen, und zweitens muss man üben, üben, üben. Das bedeutet, dass Sie nur wenige Erfolgserlebnisse haben können, wenn Sie dieses Buch lediglich lesen und nicht wenigstens einige der Übungen ausprobieren. Vielleicht haben Sie Angst vor dem weißen Blatt, wenn es vor Ihnen liegt? Damit sind Sie nicht allein: Das geht vielen Menschen so, die etwas gestalten wollen – sei es, dass sie etwas zu malen oder etwas zu schreiben beabsichtigen. Man muss sich überlisten und einfach mal anfangen. Fangen wir also gleich mit einer Übung an, die Ihnen wahrscheinlich leicht fällt. Diese Übung verbindet Sie mit einer Tätigkeit, die Sie häufig in einer etwas anderen Form bereits ausführen.

Übung: Malen Sie Ihren Namen

Schreiben oder malen Sie Ihren Namen auf ein möglichst großes Papier. Sie können dazu Ihren Vornamen oder Ihren Nachnamen wählen. Was ist Ihnen gefühlsmäßig näher? Gibt es eine Abkürzung Ihres Namens, die Sie gern haben, einen Kosenamen oder einen Namen, mit dem Sie manchmal geneckt wurden? Welche Gefühle schwingen mit, wenn Sie sich daran erinnern, wie Sie gerufen wurden? Mögen Sie Ihren Namen oder haben Sie sich lediglich damit abgefunden? Welchen anderen Namen würden Sie für sich aussuchen, wenn Sie die Möglichkeit dazu hätten?

Gestalten Sie die einzelnen Buchstaben Ihres Namens mit verschiedenen Farben, mit Wachsmalstiften oder Buntstiften. Blumengirlanden, Feuerwerke, bunte Bänder, Tiere oder Menschen – alles kann zum Buchstaben Ihres Namens gehören.

Wenn Sie fertig sind, hängen Sie Ihr Bild auf und betrachten Sie es aus einer größeren Distanz. Konnten Sie spontan gestalten, was Ihnen gerade an Inspiration eingefallen ist? Denken Sie daran: Wichtiger als das Ergebnis ist der Weg, den Sie beim Malen gehen. Ihr Name ist Ihnen schon lange vertraut und doch haben Sie ihn um eine neue Erfahrung bereichert, indem Sie ihn kreativ ausgestaltet haben.

Wenn Sie noch etwas Weiteres tun wollen, um Ihre schöpferischen Kräfte zu stimulieren: Versuchen Sie einmal, mit beiden Händen gleichzeitig Ihren Namen zu schreiben – mit der rechten Hand normal und links spiegelbildlich (oder umgekehrt, falls Sie Linkshänderin sind). Gehen Sie dabei von der Mitte des Blattes aus und versuchen Sie, sich auf beide Namenszüge gleich gut zu konzentrieren. Damit erreichen Sie, dass beide Gehirnhälften gut zusammenarbeiten.

Wie ich es im ersten Kapitel beschrieben habe, funktionieren die beiden Gehirnhälften unterschiedlich: Die linke Hirnhälfte bestimmt hauptsächlich das logische Denken und die Sprache. Die rechte Hirnhälfte ist im Wesentlichen für bildhafte, fantasievolle und kreative Aktivitäten zuständig. Die beiden Hirnhälften sind in der Mitte durch den sog. »Balken«, verbunden, über den ein ständiger Informationsaustausch zwischen beiden Seiten stattfindet.

Während des Malprozesses ist vor allem die rechte Hirnhälfte aktiv. Durch das Malen werden die hier liegenden Vorstellungskräfte angeregt, mit denen wir imaginativ und intuitiv erfassen, wie unser Dasein in der Welt ist. Hier sind auch die kreativen Möglichkeiten hirnphysiologisch angelegt, die belebt werden sollten, damit wir sie für unser Leben zur Verfügung haben. Da wir die linke Hirnhälfte durch das Denken und die Sprache viel intensiver trainiert haben, übernimmt sie in dominanter Weise oft zu schnell die Kontrolle über die bildliche Erfassungsweise. Beim Malen, wie es in diesem Buch verstanden wird, nämlich als Ausdruck der Gefühle und der inneren Erlebniswelt, sollte diese Kontrolle so weit wie möglich ausgeschaltet werden. Das muss immer wieder neu eingeübt werden, indem wir achtsam unsere Gefühle und Stimmungen wahrnehmen, uns Zeit nehmen, mit ihnen in Kontakt zu treten, und genau diese Gefühle in das Bild einfließen lassen.

Mit der Zeit können wir unser »Künstlergehirn« immer ungehinderter entfalten und ihm mehr und mehr vertrauen. Dann wird es auch möglich, bewusst zwischen den links- und rechtshemisphärischen Funktionsweisen hin- und herzupendeln, weil beide Seiten zusammenarbeiten müssen, um uns gemeinsam für eine gute Lebensbewältigung zur Verfügung zu stehen.

Damit Sie die Künstlerin, den Künstler in sich selbst besser kennenlernen, lade ich Sie ein, mit Herz und Seele zu malen. Mit »aus dem Herzen malen« meine ich die bereits erwähnte intuitive Malweise, die auch als »spontanes Malen« oder »Ausdrucksmalen« bezeichnet wird. Hier geht es darum, ohne Absicht auf das Papier fließen zu lassen, was in diesem Moment entstehen will. Unter »Gestaltungen der Seele« fasse ich alle Bilder zusammen, die aus dem Unbewussten gemalt werden. Das sind in der Hauptsache Träume, die ins Bild umgesetzt werden. Es können aber auch im Kino, in der Oper oder in einer Ausstellung eigene Einfälle und innere Bilder aus dem Unbewussten in uns auftauchen, die uns neue Erkenntnisse vermitteln, wenn wir sie durch Malen sichtbar werden lassen. Beide Ausdrucksformen können auch wechselseitig in den Gestaltungsprozess einfließen. Um mit Ihrem schöpferischen Potenzial in Kontakt zu kommen, ist es möglicherweise leichter, es zunächst mit dem intuitiven Malen zu versuchen und an das Malen aus dem Unbewussten erst dann zu gehen, wenn Sie etwas Vertrauen in Ihre Ausdruckskraft gewonnen haben.

Welchen Weg Sie wählen, bleibt natürlich Ihnen überlassen. Jeder Mensch hat einen von ihm individuell bevorzugten Sinneskanal: Als »visueller Typ« nehmen Sie die Welt vor allem mit den Augen wahr und drücken sich auch mehrheitlich in einer bildhaften Sprache aus. Ihre Augen werden Sie beim intuitiven Malen führen, aber auch das Malen aus dem Unbewussten dürfte für Sie leicht zugänglich sein. Egal, welche Malform Sie auch ausüben, für Sie ist es wichtig, sich nicht von ästhetischen Kriterien verführen zu lassen und »schöne Bilder« gestalten zu wollen. Ihre Aufgabe ist es, Ihre inneren Bilder so unmittelbar wie möglich auszudrücken, ohne dass Ihre Augen und Ihr Verstand Werturteile darüber abgeben.

Der »auditive« Typ benutzt in erster Linie die Ohren zur Wahrnehmung der Welt. Wenn das für Sie zutrifft, so hören Sie wahrscheinlich gern Geschichten und sind am ehesten durch Ihre innere Stimme mit Ihrer Seele in Kontakt. Für Sie wäre es gut, während des Malens eine Musik zu hören, die Sie mögen. Das bringt Sie Ihren Emotionen näher und unterstützt Ihren Ausdruck. Sie können sich aber auch von anderen Klängen, wie z. B. dem Rauschen des Meeres, begleiten lassen.

Der »kinästhetische« Typ nimmt die Welt mit Hilfe seiner Körperempfindungen wahr. Er muss etwas »begreifen«, muss sich seine Erfahrungen durch Bewegung und Aktivität aneignen. Falls Sie sich darin erkennen, dann ist für Sie das intuitive Malen, wo die Bewegungen des Körpers direkt auf das Bild übertragen werden, ein guter Einstieg. Vor allem, wenn Sie im Stehen malen, weil Sie dabei die Distanz immer wieder regulieren können. C. G. Jung hat einmal gesagt, dass es Menschen gibt, die innerlich weder sehen noch hören können, deren Hände aber eine besondere Fähigkeit haben, die Inhalte des Unbewussten auszudrücken und zu erkennen.[39] Für sie wären auch unmittelbar berührbare und formbare Materialien wie z. B. Fingerfarben oder Ton eine gute Möglichkeit, ihrem schöpferischen Potenzial Ausdruck zu verleihen.

Natürlich werden beim Malen jeweils alle unsere Sinne gebraucht und geschult. Das erweitert die Fähigkeiten, sich ganzheitlich auszudrücken. Zu wissen, welchen Wahrnehmungskanal Sie bevorzugt benutzen, kann Ihnen aber den Zugang zum Malen erleichtern. Bei diesen Formen des Malens gibt es kein Richtig oder Falsch, kein Gut oder Schlecht. Es geht auch nicht darum, »Kunst« zu machen oder konstruktive Fertigkeiten zu erlernen, wie dies Menschen tun, die einen gestalterischen Beruf anstreben und dazu über ein besonderes Talent verfügen. Es geht darum, Ihre Gefühle und Ihren Körper in ihrer momentanen Befindlichkeit wahrzunehmen und dies durch Malen auszudrücken, ohne verstehen, analysieren oder bewerten zu müssen. Das gilt für »gute« Gefühle ebenso wie dann, wenn wir ein »mulmiges« oder »ungutes« Gefühl haben. Freude, Trauer, Angst, Begeisterung, Dankbarkeit, Zorn, Scham und Ekel – alle diese Gefühle gehören zu uns. Indem wir ihnen Raum geben, können wir sie an uns selbst erfahren und uns mit den Energien verbinden, die darin enthalten sind. Der Prozess des intuitiven Malens und des Malens aus dem Unbewussten ist ein Wachstumsprozess, dessen Ziel es ist, einen kontinuierlichen Dialog mit unserer eigenen Seele aufzunehmen.

Widmen wir uns nun ausführlich der Frage, was *intuitives Malen* ist und wie man dabei vorgeht. Intuitiv malen bedeutet, sich durch Malen mit dem Wissen zu verbinden, welches tief in uns vorhanden ist. Dieses Wissen kommt spontan zu uns in Form von Gefühlen oder unmittelbaren Gedanken, und dies oft, ohne dass wir es direkt benennen oder begründen können. Beim Malen gilt es, diese spontanen Impulse aufzunehmen und zu akzeptieren. Wir versuchen, so Thomas Lüchinger, »umzuschalten auf das Prinzip der inneren Führung«.[40]

Um diese innere Führung überhaupt wahrnehmen zu können, sollten Sie eine Zeit reservieren, in der Sie ohne Unterbrechung bei sich und Ihrem Bild bleiben können. Der Einstieg in den Malprozess wird erleichtert, wenn Sie erst einmal Ihre Malutensilien aufstellen und alles so anordnen, dass es Ihnen für Ihre gestalterische Tätigkeit zur Verfügung steht. Wenn Sie einige der vorangegangenen Übungen in diesem Buch gemacht haben, sind Sie mit der intuitiven Malweise bereits vertraut. Neu kommt jetzt hinzu, dass Sie sich bewusst zu entspannen versuchen und dann Ihren eigenen Malwegen folgen.

Um aus der Hektik des Alltags heraus zur Ruhe zu kommen, ist es sinnvoll, mit einer kleinen Achtsamkeitsübung zu beginnen. Wir brauchen Momente der inneren Stille, um den Zugang zu unseren schöpferischen Kräften zu finden. Dabei hilft es, sich zunächst einmal auf den eigenen *Atem* zu konzentrieren. Wenden Sie Ihre Aufmerksamkeit dem Atem zu. Erlauben Sie sich aufzuatmen, auszuatmen. Wo merken Sie eigentlich, dass Sie atmen? Wo bewegt es sich in Ihrem Körper? Atmen Sie ruhig und gleichmäßig. Holen Sie auch während des Malens immer wieder einmal bewusst Atem: wenn Sie eine andere Farbe nehmen, wenn Sie nicht mehr weiterwissen oder wenn Ihnen etwas nicht gefällt, was Sie gemalt haben.

Einstimmung zum Malen: Bei sich selbst ankommen

Setzen Sie sich bequem hin. Schließen Sie die Augen und atmen Sie ruhig ein und aus. Lassen Sie mit dem Ausatmen alles hinausfließen, was Sie noch beschäftigt. Genießen Sie das Gefühl, im Moment nichts tun zu müssen – nur zu atmen. Bleiben Sie ein paar Minuten lang achtsam bei Ihrem Atem.

Spüren Sie, wie Ihre Füße auf dem Boden stehen. Gehen Sie in Gedanken nun über die Waden und die Knie zu Ihren Oberschenkeln. Nehmen Sie wahr, wie Sie sitzen, und wandern Sie mit Ihren Gedanken Ihren Rücken hinauf. Lenken Sie Ihren Atem zu den Schultern und zum Nacken, um sie zu entspannen. Suchen Sie eine gute Position für Ihren Kopf, indem Sie ihn sanft hin- und herbewegen. Ihre Arme und Hände liegen locker auf den Oberschenkeln. Atmen Sie ruhig weiter, bis Sie das Gefühl haben, dass sich Ihr Körper entspannt anfühlt. Bleiben Sie mindestens 5–10 Minuten in dieser inneren Wahrnehmung und beobachten Sie, was Sie dabei fühlen.

Wenn Sie in dieser Form der Körperwahrnehmung nicht geübt sind, wird es Ihnen leichter fallen, sich zu entspannen, wenn Sie eine CD mit einem der verschiedenen Entspannungsverfahren hören, die Sie am besten nach Ihrem eigenen Geschmack aussuchen.[41] Da die Anweisungen zur Entspannung gesprochen werden, brauchen Sie sich nur noch auf die Stimme zu konzentrieren.

Wenden Sie sich nun dem Malen aus dem Herzen zu. Thomas Lüchinger gibt dazu eine ermutigende Anweisung: »Allein dadurch, dass Sie malen, werden Sie das Handwerk erlernen. Wenn Ihre Sinne etwas brauchen, dann werden Ihr Pinsel und Ihre Farbe den Weg suchen. Sie werden den Weg immer finden, wenn Sie offen sind für das, was sich aus Ihrem aufmerksamen Tun entwickelt. Das Bild wird zum Leben erwachen, wenn Sie alle Ihre Liebe in den Umgang mit sich selbst, mit Farben und Pinseln legen.«[42]

Übung: Zeit zu experimentieren

Nehmen Sie ein Papier, dessen Größe Ihnen für den Anfang zusagt. Folgen Sie einem ersten Gefühlsimpuls und wählen Sie aus Ihren Farben diejenige aus, die Ihnen im Moment am meisten gefällt. Lassen Sie sich von dieser Farbe zu einer Form inspirieren oder spüren Sie nach, welche Bewegung Ihr Arm jetzt ausführen will, und bringen Sie das zu Papier. Wenn Sie fühlen, dass diese Farbe nach einer weiteren Farbe »ruft«, so wählen Sie wieder aus, womit Sie fortfahren wollen. Wichtig ist, dass Sie zügig malen und auch dranbleiben, um sich davor zu schützen, zu sehr kontrollieren zu wollen. Spielen Sie mit den Farben und Formen. Folgen Sie den Spuren, die Ihr Körper auf dem Papier hinterlassen will. Nehmen Sie wahr, ob das Malen mit Freude und Interesse verbunden ist. Falls Gefühle wie Angst, Groll oder Traurigkeit in Ihnen spürbar werden: Nehmen Sie sie als Botschaften aus Ihrem Inneren entgegen, wählen Sie eine entsprechende Farbe und geben Sie auch diesen Gefühlen eine Form. Denken Sie bitte nicht darüber nach, wie die Gefühle aussehen könnten: Fühlen Sie und malen Sie! Wenn wir auch unangenehme Empfindungen akzeptieren und sie gestalten, können wir uns selbst mehr Verständnis entgegenbringen und gut für unsere verletzlichen Seiten sorgen. Geben Sie sich Raum, um sich mit dieser Übung selbst zu entdecken. Falls Ihnen der innere Kritiker beim Malen über die Schulter sieht und vielleicht darüber lacht, was Sie tun – lassen Sie sich nicht beirren! Holen Sie sich Verstärkung aus dem Kapitel über den inneren Kritiker oder malen Sie diese Figur und sperren Sie sie weg. Kehren Sie dann zu Ihrem Bild zurück. Bleiben Sie beim Malen mit Ihrem Bild im Dialog, auch dann, wenn Sie hier und da zurücktreten, um es anzusehen, oder momentan nicht wissen, wie Sie weitermachen wollen. Wenn Sie achtsam dabei sind, wird das Bild Ihnen sagen, wohin es weiterwachsen will. Falls Sie mehr Raum brauchen, heften Sie ein weiteres Blatt daneben und folgen Sie Ihrem Bedürfnis, sich auszuweiten.

Durch diese Übung lernen Sie, im Dialog mit dem Material und mit sich selbst zentriert zu sein und neue Bilder von innen heraus zu schaffen. Malen wird so zur Meditation, bei der wir unsere natürliche schöpferische Kraft wiederfinden und zum Ausdruck bringen.

Ein Beispiel für das intuitive Malen finden Sie in Bild 3 (farbiger Bildteil). Das Bild ist in einer Malgruppe entstanden, in der das gemalte Bild weder betrachtet noch gewertet oder gedeutet wird. Jede malende Person, ob Kind oder Erwachsener, kann im geschützten Raum die eigene schöpferische Entwicklung ungestört verfolgen. Sechs große Blätter hat Claudia bei diesem Malprozess nacheinander aneinandergesetzt, weil sich während des Gestaltungsprozesses immer neue Formen ergaben, die ergänzt und erweitert werden wollten. Im Gesamtbild zeigen sich große Linien, schwungvolle Spiralen und die Spuren von schnellen und langsameren Bewegungen beim Malen. Claudia hat einige Gruppenabende lang intensiv an diesem Bild gearbeitet und Spuren ihrer jeweiligen Empfindungen in den Primärfarben Rot, Blau und Gelb immer wieder neu miteinander verbunden.

So individuell wie dieses Bild gestaltet ist, werden auch Ihre Reaktionen darauf sein. Was kommt Ihnen entgegen, wenn Sie das Bild einige Zeit betrachten? Vielleicht die Bewegung, die darin ist? Ein Fluss? Die Buntheit des Urwaldes? Ein klares Licht? Gibt es etwas, das Ihre Aufmerksamkeit erregt, wo Sie mehr wissen wollen? Vielleicht wird Ihre Fantasie angeregt, es selbst auch zu versuchen!

Malen ist ein Spiel mit Farben. Spielen Sie also mit den Farben, die

Sie besonders gern verwenden. Setzen Sie beim Malen Farbflecke nebeneinander und lassen Sie jede Farbe eine Geschichte erzählen. Während das Blau von der Weite des Meeres und des Himmels berichtet, erinnert Sie das Gelb vielleicht an die Rapsfelder in einer Hügellandschaft. Das leuchtende Rot der Kirschen bringt das Bild aus dem Garten der Großeltern zurück. Brauntöne lassen Erinnerungen an die frisch gepflügten Äcker im Herbst wach werden, während das vitale Grün in allen Schattierungen unsere Urerfahrung der immer wiederkehrenden Kraft der Natur widerspiegelt. Die Natur ist die größte Künstlerin. Sie kann auch unsere beste Lehrmeisterin sein.

Möglicherweise haben Sie selbst völlig andere Farb-Erinnerungen, die Sie diesen Beispielen hinzufügen könnten. Daran erkennen Sie, wie nachhaltig wir durch die Erfahrungen, die wir mit den Farben in der Natur machen, in unserem Farberleben geprägt werden. Aber auch die Farben, die uns von Beginn unseres persönlichen Lebens an begleitet haben, bleiben uns in ihrer Eigenart besonders nahe. So erzählt der Maler Augusto Giacometti vom Gelb des Kindersessels, in dem er als Dreijähriger saß, und schildert, wie stark der Eindruck war, die diese Farbe bei ihm hinterlassen hat. Wo immer er diese spezielle Farbe in seinem Leben später antraf, ob in den Kunstwerken der Kirche San Marco oder im Wüstensand in Afrika, fühlte er die Wirkung dieses »schönen Gelbs«.[43] Die Farbe wird auf diese Weise zum Symbol, das mit den Erfahrungen aus dem eigenen Leben verknüpft ist. Wir sind von Beginn unseres Lebens an von dieser Kraft beeinflusst: »Farben sind Strahlungskräfte, Energien, die auf uns in positiver oder negativer Weise einwirken, ob wir uns dessen bewusst sind oder nicht«,[44] sagt der Maler und Kunstpädagoge Johannes Itten, der sich intensiv mit der Wirkung der Farben und ihrer Beziehung zueinander befasst hat.

Ich möchte Sie anregen, dieser Wirkung weiter nachzugehen und sich bewusst zu machen, welchen Einfluss Farben in Ihrem Leben haben. Dazu ist es sinnvoll, sich einmal einen ganzen Tag lang auf eine Farbe zu konzentrieren und zu beobachten, wo diese Farbe überall auftaucht. Machen Sie jeden Tag eine andere Farbe zum Thema und sammeln Sie Ihre Eindrücke und Empfindungen in kurzen Notizen, von denen Sie sich am Abend noch einmal ansprechen lassen.

Wir reagieren auf Farben mit unserem Körper und mit unserer Seele. Goethe hat in seiner Lehre zur physiologischen Wirkung der Farben vieles bereits vorweggenommen, was in der modernen Wissenschaft aufgegriffen und als medizinisch wirksames Mittel weiterentwickelt wurde. Die Verbindung zwischen Körper und Seele wird z. B. in der Lehre von den Chakren beschrieben, die in den Heilmethoden des Ayurveda angewendet und in den Übungen des Yoga praktiziert wird. Jedem Energiezentrum in unserem Körper wird dabei eine Farbe zugeordnet. Jede dieser Farben hat ihre eigene symbolische Bedeutung, und die Konzentration darauf hat einen starken Einfluss auf unser Wohlbefinden. Bezüglich der Wirkung auf unsere Psyche schreibt Ingrid Riedel, dass Farben, die uns faszinieren, nicht nur eine Verbindung zu unserem persönlichen Leben haben, wo wir intuitiv gewisse Farben als zu uns gehörig erleben. Die Emotion, die durch diese Farbe in uns ausgelöst wird, strahlt auch vom jeweiligen Archetyp aus, der dahinter steht. Das sind symbolische Grundbedeutungen der Farben, die sich durch Jahrtausende der menschlichen Kultur entwickelt haben und der jeweiligen Zeit entsprechend durch einen neuen Sinn erweitert werden. Dieser Faszination nachzugehen, kann uns mit einer größeren Dimension der menschlichen Kreativität verbinden. So ist z. B. Rot, die Farbe des Blutes und des Feuers, mit Leben, Opfer, Wandlung und Krieg verknüpft. Die Skala des Rot reicht archetypisch von Aggression, Zerstörung und Tod bis zu Liebe, Leidenschaft und Lebensfreude – was uns anschaulich aufzeigt, dass Farben Archetypen sind, die immer einen negativen und einen positiven Pol haben. Sich weiter in die Psychologie der Farben zu vertiefen, ist sehr bereichernd, auch für das eigene Leben. Ingrid Riedel hat im ihrem Buch *Farben* eine Fülle von anschaulichen Beispielen, Bedeutungen, Verbindungen und Assoziationen gesammelt, die zum kreativen Umgang mit Farben anregen.

Übung: Die Farben meines Lebens

Gehen Sie den Spuren der von Ihnen bevorzugten Farben in Ihrem Leben nach: Erinnern Sie sich an eine Farbe aus Ihrer Zeit als Kleinkind? Welche Farben waren in der Schule für Sie wichtig? Kommen Ihnen Lieblingsfarben aus der Zeit Ihrer Jugend in den Sinn? Durch welche Farbe fühlten Sie sich belebt, als Sie zum ersten Mal verliebt waren? Welche Farben haben Sie für Ihr Zuhause ausgewählt? Wie bunt ist die Farbe, die Sie Ihrem Beruf geben würden? Gab es in

Ihren Ferien eine bestimmte Farbe, die besonders erholsam für Sie war? Menschen, denen Sie begegnet sind und die Sie mit einer bestimmten Farbe in Zusammenhang bringen? Welche Farbe hat Ihre Lieblingsmusik oder Ihre Lieblingsblume? An welcher Farbe haben Sie heute Freude?

Gehen Sie aufmerksam den Farben Ihres Lebens nach, beginnend mit Ihren frühesten Erinnerungen über verschiedene Ihnen wichtige Lebensstationen bis zum heutigen Tag. Mischen Sie in Ihrem Farbkasten die jeweiligen Farben, bis sie ungefähr denen entsprechen, an die Sie sich erinnern und kombinieren Sie sie zu einer Form oder setzen Sie Farbe an Farbe nebeneinander. Sie merken vielleicht schon: Farben sind Energien, Farben fordern uns aber auch heraus. Experimentieren Sie damit, wie Sie die Farben in Beziehung zueinander setzen wollen. Komponieren Sie die Farben: Wo gibt es harmonische Farbklänge, wo wirken die Farbbeziehungen eher disharmonisch? Auch auf den ersten Blick weniger stimmige Farbkombinationen können Ihnen interessante Erfahrungen vermitteln. Wo fehlt etwas?

Es ist möglich, dass Sie diese Arbeit in mehreren Schritten machen müssen, dass Sie nach einer Unterbrechung immer wieder zu dieser Übung zurückkehren müssen. Lassen Sie sich Zeit dafür, die Farben Ihres Lebens zu einem ganzheitlichen Bild zu verbinden. Erleben Sie bewusst den Prozess der Veränderung, wenn Sie nach einer gewissen Zeit zu dieser Arbeit zurückkehren und sie weiter gestalten. Denken Sie daran: Es muss nicht »schön« sein, nur echt. Es ist Ihr Leben, das in seinen eigenen Farben zum Ausdruck kommen will.

Vielleicht fällt Ihnen der Einstieg leichter, wenn Sie diese Übung als *Collage* gestalten, wie dies Agnes während eines Ausbildungswochenendes zur Jung'schen Psychotherapeutin gemacht hat (farbiger Bildteil, Bild 4). In der Gruppe wurden zunächst viele Blätter in verschiedenen Farben bemalt und ausgelegt. Wählen Sie dementsprechend für jede Lebenserinnerung ein Blatt, bemalen Sie dies mit der dazugehörigen Farbe und lassen es trocknen. Wenn Sie mehrere solcher Farbblätter zur Auswahl haben, können Sie daraus sehr leicht eine Collage anfertigen. Durch Aufkleben (frz. coller = kleben) verschiedener Farbblätter, die Sie noch zuschneiden oder auch reißen können, wird dabei ein neues Ganzes geschaffen. Ihre Collage kann auch Stücke farbigen Papiers, Zeitungsausschnitte, Bänder oder Fotografien enthalten, die aus der jeweiligen Lebenszeit stammen. Suchen Sie nach Farben, Formen und Bildern, die Sie ansprechen, und ermutigen Sie Ihr inneres Kind, sich dabei nur von der Freude am Ausdruck führen zu lassen. Setzen Sie die einzelnen Elemente in Beziehung zueinander und arrangieren Sie alle Teile zu einem Ganzen, bis Sie mit der Anordnung zufrieden sind. Kleben Sie dann alles auf ein großes Papier oder einen Karton. Agnes suchte mit großer Begeisterung aus den vielen Farbblättern heraus, was sie für ihre Collage brauchen konnte; sie wählte spontan ihre »Lebensfarben« in verschiedenen Blautönen, Weiß und Rot. Die Form entwickelte sich ganz aus ihrer Intuition heraus zu einem Bild. Der Vorteil an dieser Art des Gestaltens ist es, dass Sie die einzelnen Teile immer wieder neu ordnen können, um sie auf eine andere Weise miteinander zu verbinden. So lange, bis Sie gefühlsmäßig zu dem Bild, das sich daraus ergibt, Ja sagen können.

Welche Stationen Ihres Lebens sind durch die Farben in Ihnen lebendig geworden? Welche Erfahrungen haben Sie gemacht, als Sie Ihr Leben nach seinen Farben befragten? Haben Sie gespürt, wie jede Farbe auf individuelle Weise mit Ihrem Leben verbunden ist? Gab es lustige, wütende oder traurige Farben? Es sind damit ja gefühlsmäßige Erlebnisse verbunden, denen wir auf diese Weise nochmals Raum geben und ein kleines Kunstwerk schaffen, das durch die eigene Kreativität weiter ausgeschmückt wird. Die Beziehung zwischen den Farben und der eigenen Seele ist auch für viele Künstler prägend: Yves Klein, der fast ausschließlich in einem für ihn charakteristischen Ultramarinblau malte, glaubte, dass sein Bedürfnis, »die Seele zu fühlen ohne zu erklären, ohne Worte, und diese Empfindung darzustellen [...]«,[45] einer der Gründe sei, welche ihn zu seiner sehr persönlichen Art des Malens geführt hätten.

Bei dieser Übung haben Sie sich über Ihre Vorstellungskraft und die Farben mit Ihren Erinnerungsbildern und den dazugehörigen Emotionen verbunden. Vielleicht hatten Sie vergessen, wie gern Sie als Sechsjährige das rote Kleid trugen, das Ihre Großmutter genäht hatte? Wie groß die Freude über den gelben Fußball war, den Sie unter dem Weihnachtsbaum gefunden haben? Ist Ihnen eingefallen, mit wie viel Stolz Sie sich das erste Sofa für Ihre eigene Wohnung gekauft haben, in einem tiefen Tannengrün, bei dem Sie sich so geborgen fühlten? Haben

Sie sich auch an »Farb-Monster« erinnert – Farben, die Sie nicht ausstehen konnten und die trotzdem in Ihrem Leben eine Rolle spielten? Farben erzählen ganze Geschichten, die im Unbewussten verschwunden waren und die auf diese Weise wieder bewusst werden können. Spielerisch mit diesem inneren Bilderreichtum in Kontakt zu kommen, heißt, bei sich selbst anzukommen.

Wenden wir uns nun dem *Malen aus dem Unbewussten* zu. Der Traum ist in der Jung'schen Psychologie der wichtigste Zugang zum Unbewussten, daher benutze ich zur Erläuterung des Umgangs mit den inneren Bildern das Traumbild oder Traumsymbol stellvertretend für alle Bilder aus dem Unbewussten.[46] Als C. G. Jung der Frage nachging, wie man sich praktisch mit dem Unbewussten auseinandersetzen könne, kam er durch die Erfahrungen mit seinen Patienten und Patientinnen zu der Überzeugung, dass Träume am besten verstanden werden, wenn Sie in der gleichen Sprache ausgedrückt werden, in der sie sich äußern: der Bildersprache.

In den Träumen inszeniert sich unsere Seele wie auf einer Bühne. Wir selbst sind gleichzeitig Autorin, Regisseurin, Darstellerin und Bühnenbildnerin dieser Aufführung. Unsere Träume spiegeln unsere mehr oder weniger unbewussten Bedürfnisse, Hoffnungen, Sehnsüchte und Wünsche, unsere Ängste, Konflikte und Stimmungen wider. Unverarbeitete Tageserlebnisse und Frustrationen, aber auch unsere Begabungen und schöpferischen Möglichkeiten bilden sich hier ab. Träume sind Ausdruck der energetischen Lebensprozesse der Psyche. In unserer Seele gibt es ein schöpferisches Prinzip, welches durch die Träume beharrlich dafür sorgt, dass immer wieder neu ein seelisches Gleichgewicht hergestellt wird.

Wenn wir die Träume malen, erweitern wir sie in ihrer eigenen Sprache zu einem Bild, das wir bewusst wahrnehmen können, um uns dem Sinn des Traumbildes anzunähern. Jedes Bild stellt einen unmittelbaren Kontakt mit der innerseelischen Wirklichkeit eines Menschen her. Das Malen der Bilder aus dem Unbewussten ist aber nicht ein Geschehen, bei dem der Maler etwas »abbildet«, sondern ein Schaffen, bei dem sich etwas aus ihm »herausbildet«. Um dieses Geschehen zu ermöglichen, müssen wir mehr und mehr fähig werden, uns dem unbewussten Fluss des Schöpferischen anzuvertrauen. Das bedeutet, dass wir uns während des Mal- und Gestaltungsvorgangs von unseren Gefühlen und Körperempfindungen leiten lassen, wie Sie das beim intuitiven Malen schon geübt haben. Beim Malen aus dem Unbewussten ist aber Ihre ganze Persönlichkeit unmittelbar beteiligt, weil Sie nicht nur werden und wachsen lassen, was aus dem Unbewussten heraus entstehen will, sondern gleichzeitig mit Ihrem Bewusstsein die Traumerlebnisse malend gestalten und damit Ihre Emotionen in eine sichtbare Form bringen. Wenn Sie Ihre Träume in Bilder umsetzen, dann wird das gemalte Bild zur Brücke zwischen dem Bewusstsein und dem Unbewussten.

Es kommt vor, dass wir durch Träume darin unterstützt werden, uns dem Malen zuzuwenden. Kathrin Asper beschreibt den Traum einer 28-jährigen Frau, die als Kind gern gemalt hatte.[47] Im Laufe ihres Lebens war diese Freude am Gestalten versandet. Ihr Traum lautet: »Ich zeige meiner Freundin die Aquarelle, die ich gemalt habe. Ein Windstoß kommt und die Blätter werden weggeweht. Wir können sie wieder einsammeln. Meine Freundin findet die Bilder schön. Ich bin stolz. Ich kann mich nicht erinnern, das jemals so gesehen zu haben.«[48]

Eine innere Figur, eine bisher unbekannte »Freundin«, hilft der Träumerin, ihre »verstreuten« Fähigkeiten wieder einzusammeln, und bestätigt sie in ihrem schöpferischen Gestalten. Die Träumerin macht eine neue emotionale Erfahrung, nämlich stolz darauf zu sein, was sie gemalt hat. Dadurch wurde in der Realität ihr Selbstwertgefühl gestärkt, was zur Folge hatte, dass sie die Freude am Malen wieder zurückgewinnen konnte.

So gibt es auch in uns einen Persönlichkeitsanteil, der uns und unseren Malversuchen freundlich zugetan ist und eine neue Sichtweise auf unsere Fähigkeiten anregen kann.

Übung: Einen Traum malen

Die Bilder in den Träumen sind sehr flüchtig und geraten schnell in Vergessenheit, wenn wir sie nicht festhalten. Alle Traumbilder sind wichtig. Ich empfehle Ihnen daher, Ihre Träume ernst zu nehmen und die Trauminhalte zunächst so bald wie möglich aufzuschreiben. Gibt es einen Traum, der Ihnen besonders eindrücklich in Erinnerung geblieben ist? Dann sollten Sie ihn malen. Wie beim intuitiven

Malen ist auch hier zunächst die Konzentration auf den eigenen Atem und eine Entspannungsübung nötig, um sich auf Ihre schöpferische Gestaltung einzustimmen. Gehen Sie dann in Ihrer Vorstellung nochmals dem Ablauf des Traumgeschehens nach. Entscheiden Sie, welcher Traumausschnitt gemalt werden soll. Was ist für Sie wichtig? Welche Traumszene hat Sie gefühlsmäßig stark bewegt? Folgen Sie dabei Ihrer ersten spontanen Eingebung und verhindern Sie, dass einer der inneren Kritiker in Ihnen auftaucht, der von Ihnen verlangt, ein bedeutungsvolles Bild zu schaffen. Wehren Sie sich: »Wer malt hier eigentlich, du oder ich?« Wählen Sie nicht gerade die komplizierteste Traumszene aus. Sie können auch etwas aus dem Traum malen, das Ihnen ziemlich banal erscheint. Scheuen Sie sich nicht, etwas zu malen, das Ihnen zunächst kitschig, unharmonisch oder hässlich vorkommt. Es ist wesentlich, dass Sie beim Malen alle Ihre Traumbilder zulassen und mit ihnen in Verbindung bleiben. Malen ist eine Form der Meditation, ein Zwiegespräch mit der eigenen Seele. Auf der Suche danach, wer wir selbst sind, sollte alles einbezogen werden, was zu uns gehört.

Durch den Gestaltungsprozess wird jeder Traum auch umgestaltet. Das heißt, es wird sich immer etwas verändern, wenn Sie versuchen, einen Traum zu malen. Es ist entlastend zu wissen, dass das Unbewusste auch am Werk ist, wenn Sie malen: Das schöpferische Prinzip dahinter ist dasselbe wie in unseren Träumen. Auch wenn Sie sich nicht mehr genau erinnern oder Dinge anders wiedergeben, wird sich die Traumidee mit der Bedeutung abbilden, die sie im Moment des Träumens hatte. Traumgeschehen und bildnerisches Gestalten wirken wechselseitig aufeinander ein. Wenn der Traum zu lang oder zu kompliziert ist, fassen Sie in Gedanken nur die groben Abläufe zusammen und malen Sie ein Gefühl, das der Traum in Ihnen ausgelöst hat. Wichtig ist nur, dass die inneren Bilder des Traumes sichtbar gemacht werden und dass Sie durch das Erleben beim Malen einen wirklichen Gefühlsbezug zu Ihrem Traum bekommen. Nur dann können Sie seinen Sinn erfassen und auf diese Weise mit Ihren eigenen Ressourcen in Kontakt kommen.

Es ist schwierig, sich von Bildvorstellungen zu lösen, die sich fest eingeprägt haben. Treten Sie daher immer wieder einmal zurück, um wahrzunehmen, ob das, was Sie malen, mit ihren Gefühlen im Traum übereinstimmt. Es geht nicht darum, äußerlich gefällige Bilder zu erschaffen, sondern darum, dass Ihre Seele sich ausdrücken kann. Jedes innere Bild, das gemalt wird, ist einzigartig und individuell – wenn es mit innerer Beteiligung gemalt wird. Damit ist gemeint, konzentriert bei dem zu sein, was wir tun. Das bedeutet auch, sich nicht zu schnell zufriedenzugeben, immer wieder nach innen zu spüren, ob es jetzt so stimmig ist. Manchmal muss man sich sehr um ein Bild bemühen, man muss es durch Malen mit dem Körpergefühl »erfahren«, damit es mit dem eigenen Empfinden in Einklang ist. Dabei kann ich das Bild als einen Teil von mir selbst erleben: wie ich die Freude spüre, die sich über eine gelungene Farbe oder Form einstellt, wie ich die Auseinandersetzung mit Ängsten oder negativen Gefühlen aushalte und ob ich Fehler akzeptiere, die mir beim Gestalten passieren. Dabei kann ich auch an Grenzen stoßen, die durch meine festen Vorstellungen entstanden sind, und versuchen, sie gestaltend zu überwinden. Das alles beantwortet die Frage, wie kreativ ich mit mir und meinen Möglichkeiten umgehen kann. Die Umsetzung des inneren Bildes auf die Bildfläche ist ein aktiver Wandlungsvorgang: Der schöpferische Prozess, in dem wir uns befinden, spiegelt immer auch die Veränderungsfähigkeit unserer Seele.

Bleiben Sie bei Ihrem Bild und lassen Sie sich Zeit, die Prozesse der Veränderung zu erleben, die sich während des Malens ereignen. Wenn Sie nicht zufrieden sind, dann schauen Sie, was fehlt: Man kann jedes Bild ändern, indem man es übermalt oder es in eine neue Umgebung einfügt. Natürlich gibt es Zustände von Niedergeschlagenheit und Unzufriedenheit, in denen gar nichts gelingt und möglich zu sein scheint. Gerade hier, im Dunklen und Unklaren, liegen aber die Ressourcen unserer schöpferischen Kraft. Geben Sie nicht auf und legen Sie das Bild nicht beiseite – dann werden Sie noch unzufriedener. Betrachten Sie das Bild aus einem gewissen Abstand und lassen Sie es auf sich wirken. Beobachten Sie, was Ihnen durch den Kopf geht und welche Gefühle Sie haben, während Sie mit Ihrem Bild im Dialog sind. Sie können das kurz notieren. Meistern Sie diese »Malkrise«, indem Sie die Ideen, die während dieser meditativen Betrachtung in Ihnen entstehen, im Bild umsetzen. Bleiben Sie so lange bei Ihrem Bild, bis Sie den Eindruck haben, mit dem Bild und mit sich selbst in Übereinstimmung zu sein.

Wie merkt man, dass ein Bild fertig ist? Als ich malende Menschen dazu befragte, erhielt ich eine Antwort, die auch meinem eigenen Erleben entspricht: »Man spürt es einfach.« Das »stimmige« fertige Bild empfindet der oder die Malende oft als lösend, entspannend und heilsam. Manchmal tritt ein Gefühl des Glücks ein, verbunden mit dem Gefühl des Durchbruchs oder der Befreiung. Vor allem aber mit dem Gefühl, mehr Energie zur Verfügung zu haben.

Lassen Sie dann das fertige Bild genauso sein, wie es gemalt ist. Jedes gemalte Bild kann als Symbol gesehen werden. Es enthält an Bedeutung immer mehr, als wir verstehen können. Um dem darin verborgenen Sinn auf die Spur zu kommen, können Sie sich am Schluss davorsetzen und das Bild »befragen«. Damit meine ich, sich damit auseinanderzusetzen, was da als Ausdruck Ihrer bewussten und unbewussten momentanen Situation entstanden ist. Betrachten Sie das Bild als Spiegel Ihrer Seele, auch und gerade dann, wenn darin unbekannte, unpassende oder überraschende Elemente auftauchen. Wenn Sie bereit sind, die Botschaften im Bild aufmerksam entgegenzunehmen, so wird Ihnen das Bild Hinweise auf Ihre eigene Lebenssituation geben.

Die Einsichten, die sich aus dem Malen von Träumen ergeben, sind oft überraschend. Setzen Sie Ihr Bild in Bezug zu Ihrem Leben: Wo tauchen Parallelen auf zwischen dem, was Sie gemalt haben, und der Art, wie Sie mit Ihrem täglichen Leben umgehen? Was muss in die Tat umgesetzt werden? Was sollte sich verändern? So, wie Sie Ihr Bild gestalten, können Sie auch Ihr Leben gestalten. Verwenden Sie nicht zu viel Zeit darauf, über das gemalte Bild zu grübeln: Das Bild wird von Ihrer Seele verstanden und wirkt, auch ohne dass Sie es umfänglich analysiert haben. Überlassen Sie den Rest der Arbeit dem Unbewussten.

Im Kapitel über die Jung'sche Psychologie hatte ich Ihnen Monas Traum und das von ihr gemalte Bild vorgestellt. Ich möchte die Anregungen und Impulse dieses Kapitels abschließend anhand dieses Bildes veranschaulichen (farbiger Bildteil, Bild 2):

> Mona hatte zuerst große Mühe mit dem Malen. Ihre Angst, nicht zu genügen oder sich bloßzustellen, blockierte ihre schöpferischen Fähigkeiten. Alles, was sie machte, wurde durch eine innere Stimme entwertet. Durch das Interesse an ihren Träumen bekam sie aber nach und nach Mut, sich auf das Malen einzulassen. Indem sie regelmäßig malte, verschwanden der Leistungsdruck und die abwertenden Bemerkungen.

Das führte mit der Zeit zu einer völlig neuen Art zu malen. Die Bilder, die auf diese Weise entstanden, sind lebendige Zeugnisse der Entwicklung, die für Mona dadurch möglich wurde.

In diesem Bild des Traumes von der Gelbbauchunke ist eine dynamische Beziehung zwischen dem Vordergrund und dem Hintergrund spürbar. Die grünen Dschungel-Pflanzen kommen durch den roten Hintergrund besonders gut zur Geltung. Rot und Grün sind Komplementärfarben, das heißt sie stehen einander im Farbkreis gegenüber und haben viele symbolische Bedeutungen, die oft gegensätzlich sind. Rot ist die Lebensfarbe an sich: durch die Farbe unseres Blutes verbindet sie uns mit Liebe und Leidenschaft, Opfer und Tod. Es ist die Farbe der lebendigen Gefühle. Grün verkörpert wohl den stärksten Aspekt des Lebens: unsere Verbundenheit mit der Natur, der ewig sich erneuernden Kraft, von der auch wir durchströmt sind. Während das Grün des Dschungels schon durch den Traum gegeben war, floss der rote Hintergrund ganz aus Monas Gefühl heraus in ihr Bild ein. Die Intensität der Gefühle, die sie immer besser wahrnehmen konnte, wurde im Bild verbunden mit dem Wissen um die vitalen Lebensprozesse, in denen sie sich zunehmend geborgen fühlte.

Mona hat die beiden Frauenfiguren, sich selbst und die Therapeutin, in die Mitte des Bildes gestellt. Das entspricht der großen Bedeutung, die sie den beiden einräumte. Hier wiederholt sich die Farbwahl von Rot und Grün in leicht abgeänderter Form. Mona und die innere Therapeutin, von deren Existenz sie durch den Traum erfahren hat, sind freundschaftlich miteinander verbunden und wirken wie eine Ganzheit.

Max und Moritz und die Gelbbauchunke stehen sich auf beiden Seiten des Bildes wie Gegensätze gegenüber. Innere und äußere Gegensätze bestimmen unser Leben: als widerstrebende Interessen und Stimmungen in uns selbst, aber auch in unseren Beziehungen. Immer wieder neu müssen wir uns um einen Ausgleich bemühen, um die Gegensätze wie z. B. männlich-weiblich, hell-dunkel oder gut-böse miteinander zu versöhnen. Wir können über etwas erleichtert sein und gleichzeitig darüber erschrecken; Freude am Aufbruch und Angst bewegen uns oft gleichermaßen. So gab es auch im Leben von Mona viele sich widersprechende Tendenzen, die durch Max und Moritz und die Gelbbauchunke im Bild symbolisch als Gegensätze dargestellt sind. Auch sie wollen »im Bild bleiben« und nicht, wie Mona das zunächst geplant hatte, durch das

Wegfalten der entsprechenden Bildteile aus der Sicht genommen werden, »weil die stören«. So haben nicht nur die lichtvollen, bewussten Figuren, sondern auch das unbewusste Schattenhafte auf diesem Bild Platz. In den Symbolen der beiden Lausbuben und der Unke sind wichtige Entwicklungsthemen enthalten, die von den beiden Frauenfiguren aufgenommen und in den Alltag eingebracht werden sollen.

Ich möchte das Bild nicht weiter psychologisch interpretieren; die Arbeit mit dem Bild war Teil des therapeutischen Prozesses. Ich empfehle Ihnen aber, sich selbst für einen Moment lang in das Bild zu vertiefen und Ihre eigenen Empfindungen dazu wahrzunehmen.

Am Ende unserer gemeinsamen Arbeit haben wir Monas Bilder nochmals betrachtet und den Entwicklungsprozess nachvollzogen, der darin sichtbar wurde. Mona betonte, dass das Gespräch für sie immer wichtig gewesen sei, dass aber durch die Bilder ganz andere Erkenntnisse möglich geworden seien, die sie nicht missen wolle. Wichtig sei für ihre Entwicklung der Weg zum Malen der Bilder gewesen, der Weg mit all seinen Gefühlen, Hindernissen, Lösungsversuchen und Lösungswegen.

4. Malen aktiviert die Selbstheilungskräfte

»Das Schöpferische ist das, was schlussendlich heilt«[49], sagt Verena Kast und drückt damit aus, dass wir durch das Malen und Gestalten mit den selbstheilenden Kräften in uns in Kontakt kommen. Den Begriff »Selbstheilung« gebrauche ich mit einigem Vorbehalt, um nicht unrealistische Vorstellungen aufkommen zu lassen. Ich möchte deshalb zuerst die verschiedenen Ebenen beschreiben, die ich mit dem Begriff »Heilen« verbinde. Heilen hängt ganz allgemein mit den Vorgängen von Gesundmachen, Helfen, Stärken, Ausgleichen, Versöhnen, Genesen und Sich-Erholen zusammen. Wenn wir im Alltag von Heilung sprechen, dann meinen wir damit die Wiederherstellung der Gesundheit nach einer Krankheit. Von einer Krankheit sind immer Körper, Geist und Seele betroffen. In diesem Sinne ist Heilung ein Prozess der Ganzwerdung, der ein relatives Gleichgewicht zwischen Körper, Geist und Seele wiederherstellt.

Heil- und damit Ganzwerden ist aber auch gemeint, wenn wir davon sprechen, dass wir uns seelisch lebenslang auf dem Weg der Individuation befinden. Was in uns als Potenzial vorhanden ist, können wir entwickeln, indem wir die psychischen Anteile unserer Persönlichkeit kennenlernen und integrieren, Bewusstsein und Unbewusstes in einen regen wechselseitigen Austausch bringen und durch die gewonnene Selbsterkenntnis die Beziehung zu uns selbst und zur Welt verbessern. Immer mehr zu der Persönlichkeit zu werden, als die wir gemeint ist, bedeutet, dass wir unser eigenes Leben und unser Schicksal annehmen, wie es ist, um mit dem, was uns gegeben ist, schöpferisch umzugehen. Beim Malen arbeiten wir direkt an unserer Selbstgestaltung und unserer Individuation. »Selbstheilung« möchte ich daher so verstanden wissen, dass wir durch das bildnerische Gestalten aktiv werden und so zu unserer Heilung und Ganzwerdung selbst beitragen können.

Natürlich kann man durch das Malen Heilung nicht »machen«, es ist eher so, dass wir im Laufe des Gestaltungsprozesses kleine Schritte der Wandlung erleben, die uns auf den Weg zu uns selbst einen Schritt weiter bringen. Denn das Wichtigste beim Malen aus der Intuition oder aus dem Unbewussten ist der schöpferische Prozess, den wir dabei durchlaufen. Bei dieser Art des Gestaltens orientieren wir uns nicht an der Leistung und verfolgen auch kein definiertes Ziel. Die Zeit beim Malen ist ausschließlich unsere Zeit. Deshalb ist es auch ein Grund zur Freude, wenn wir uns Zeit zum Malen nehmen. Wir können beim Malen spielerisch die Erfahrung machen, dass das Leben als Ganzes ein schöpferischer Prozess sein kann. Dabei wirken unsere fantasievollen, intellektuellen und handwerklichen Fähigkeiten zusammen, was ein Gefühl von Selbstwirksamkeit in uns entstehen lässt. Durch die Gestaltung innerer Bilder können wir uns selbst besser kennenlernen. Die Erfahrung, jeweils ganz eigene innere Bilder zu haben und diese auch ausdrücken, sie malen zu können, kann vielen Menschen zu einem gestärkten Selbstwertgefühl verhelfen.

Beim Malen müssen oft Entscheidungen getroffen werden. Fragen tauchen auf: Welches Papier und welche Farben nehme ich? Wie gehe ich mit dem Thema um, das in mir zum Ausdruck gebracht werden will? Wie bewältige ich unvorhergesehene »Unfälle«, und kann ich es aushalten, wenn etwas ganz anders wird als geplant? Der Umgang mit diesen Situationen während des Malprozesses trägt dazu bei, Probleme zu erkennen und im Bild neue Lösungswege dafür zu finden. Dadurch wächst das Vertrauen in unsere schöpferischen Kräfte, was uns hilft, auch im Leben mutige Entscheidungen zu treffen.

Die Arbeit mit Farben und Formen spricht Körper und Seele gleichermaßen an. Verkrampfungen und Blockierungen im körperlichen und seelischen Bereich werden bildhaft-konkret erkennbar. Viele unterdrückte, verdrängte Themen aus der Vergangenheit bekommen wieder Raum und haben die Chance, durch das Malen und die Arbeit am Bild verarbeitet zu werden. Wenn die unbewussten Erinnerungen und Erfahrungen bewusst werden und die dazugehörigen Gefühle durch das Malen zum Ausdruck kommen, können wir neue Erkenntnisse für unser Leben gewinnen.

Das beim Malen Erlebte und Erfahrene enthält eine wandelnde Kraft, die uns immer wieder auf die Suche nach neuen Erfahrungen gehen lässt. Worin besteht diese Erfahrung? Es scheint nicht leicht zu sein, über die Wirkungen des Malens Genaueres auszusagen. Meist erhält man auf diesbezügliche Fragen zur Antwort: »Beim Malen treffe ich mich mit mir selbst«, »Es ist mir nachher besser gegangen«, »Ich war ruhiger« oder »Die Schmerzen haben nachgelassen.« C. G. Jung erlebte sein eigenes Malen als inspirierend: »Wann immer ich in meinem späteren Leben stecken blieb, malte ich ein Bild oder bearbeitete

Steine, und immer war das ein rite d'entrée [= Eröffnungsvorgang, L. B.] für nachfolgende Gedanken und Arbeiten.«[50] Allen Aussagen gemeinsam ist, dass durch den Gestaltungsprozess Gefühle erlebt, belebt oder auch verändert wurden. Was also malende Menschen beim Gestalten erfahren, was sie immer wieder malen lässt, ist das wohltuende Erlebnis der Nähe zu ihren ureigensten, inneren Gefühlen, die mit den Bildern aus dem Unbewussten zusammenklingen. Auf diese Weise wird die wechselseitige Beziehung zwischen dem Ich und dem Unbewussten belebt. Diese Dynamik ist die Gewähr für das psychische Gleichgewicht, welches den Menschen zu immer neuer Anpassung an seine Innen- und Außenwelt fähig macht.

Durch Malen entsteht eine neue Form der Selbstregulation. Das Bild wird zu einem Zwischenraum, in dem Fantasie und Realität, Bewusstsein und Unbewusstes, Körper, Geist und Seele zusammenkommen und ausgedrückt werden können. Unsere verschiedenen Persönlichkeitsanteile stehen oft im Widerspruch zueinander. Wir wollen das eine, und das Gegenteil wollen wir auch. Oft scheinen uns die Unvereinbarkeiten zwischen den einzelnen Systemen als fast unüberwindbar. Konflikte und Situationen, in denen wir immer wieder ähnliche emotionale Reaktionen zeigen, sind als Komplexe in unserer Seele gespeichert. Da diese unbewusst sind, projizieren wir sie auf andere Menschen, was zu Beziehungsschwierigkeiten führt. Komplexe behindern unsere Entwicklung, die gefühlsmäßigen Reaktionen enthalten aber gemäß Verena Kast auch »gerade jene Energie, die der Leidende braucht, um sich weiterzuentwickeln«.[51] Durch das bildnerische Gestalten und die Auseinandersetzung mit Malmaterialien, Farben und Formen erhalten die verschiedenen Anteile in uns Raum und Ausdruck. Dabei wird die schöpferische Fähigkeit unserer Seele aktiv, die »transzendente Funktion«, welche die auseinanderstrebenden Tendenzen in uns zu einem neuen Ganzen verbinden und die Gegensätze integrieren kann. Diese Funktion überwindet die gegensätzlichen Einstellungen in uns [lat. *transcendere* = übersteigen] und sorgt immer wieder neu dafür, dass ein Dialog zwischen dem Unbewussten und dem Bewusstsein möglich wird. Auf diese Weise werden schöpferische Prozesse angeregt, die uns immer mehr auf den Weg zu uns selbst bringen wollen.

Eine grundlegende Wirkung des Malens besteht darin, dass durch den Gestaltungsprozess Gefühle erlebt, belebt oder verändert werden können. Freude über die Übereinstimmung mit sich selbst kann einen bewussten Wandlungsprozess in Gang bringen. Was beim Malen aber auch auftauchen kann, sind schwierige, zunächst negativ erlebte Gefühle wie Trauer, Wut oder Scham. Bewusstwerdung kann unangenehm sein; Heilen ist eben auch mit Schmerzen verbunden. Ein Mensch, der seine eigenen Emotionen nicht fürchtet und der lernen will, sie wahrzunehmen, wird früher oder später dem Kind begegnen, das er einmal war.

Es kommt häufig vor, dass in der Familie die schöpferische Kraft des Kindes nicht geschätzt und nicht gefördert wird. Wenn bereits die Eltern selbst in der Entwicklung ihrer Kreativität und Fantasie blockiert wurden, so ist es für ein Kind schwierig, diese Fähigkeiten auszuleben. Es wird sich den Erwartungen der Eltern oder der Lehrer anpassen und die eigenen schöpferischen Kräfte unterdrücken. Die Suche nach Anerkennung der eigenen Kreativität bleibt aber lebenslang erhalten:

> Helga Königsdorf, die zunächst Mathematik-Professorin war, bevor sie sich später dem Schreiben und dem Malen zuwandte, beschreibt, wie sie als Kind durch die Aussage ihrer Mutter: »Wir können nicht zeichnen« geprägt und in ihrer kreativen Entwicklung blockiert wurde. Der Wunsch, von ihrer Mutter in ihrer Kreativität bestätigt zu werden, begleitet sie lebenslang. Noch zu einem späteren Zeitpunkt ihres Lebens versuchte sie, bei einem Besuch im Seniorenheim mit ihrer Mutter über ihre Bilder zu reden: »›Übrigens male ich jetzt.‹ – Das Gesicht meiner Mutter bleibt völlig unbewegt. – ›Ich male mit Kreide, verstehst du. Richtige Bilder, die man an die Wand hängen kann.‹ – ›Ich verstehe nicht‹, sagt meine Mutter.«[52]

Helga Königsdorf tröstet sich mit dem Gedanken, dass in ihrer Wohnung ihre eigenen Bilder an ihren eigenen Wänden hängen: »Manchmal sehe ich sie an und kann nicht glauben, dass sie von mir sind.«[53] Wenn man durch das Malen die enttäuschten Gefühle wahrnehmen kann, dann wird auch in Bildern, die Leid zum Ausdruck bringen, die Freude am Malen spürbar werden. Sich mit den eigenen Bildern zu verbinden, bedeutet, dass man die eigene Kreativität anerkennt und sich in der eigenen Entwicklung bestärkt. In der authentischen Sprache der Bilder werden die Gefühle des Kindes spürbar: die Stimme des Kindes und die Stimme des Erwachsenen können endlich im Dialog zusammenkommen. Dies ist ein aktiver Wandlungsvorgang, durch den unsere Selbstheilungskräfte angeregt und entwickelt werden.

Wie heilsam dies wirken kann, schildert Alice Miller in ihren Büchern,[54] in denen sie die Geschichte ihrer inneren Entwicklung in der Sprache der Bilder darstellt. Obwohl sie während ihrer Ausbildung zur Psychoanalytikerin Freud'scher Richtung zwei Lehranalysen absolviert hatte, verdankt sie den Zugang zu den gefühlsmäßigen Erlebnissen ihrer frühen Kindheit dem spontanen Malen, welches sie erst im Alter von 45 Jahren für sich entdeckte. Durch das Malen von Bildern, die nicht geplant wurden, sondern sich – sozusagen vom Unbewussten gestaltet – ganz spontan ergaben, wurden die Verletzungen ihrer Kindheit, die sie lange abgewehrt hatte, sichtbar und erfahrbar. Sie konnte diesem verletzten Kind liebevoll erlauben, nur noch nach den eigenen Bedürfnissen zu malen.

Übung: Das gemalte Bild betrachten

Die Umsetzung des inneren Bildes auf die Bildfläche ist ein aktiver Wandlungsvorgang. Es ist gut, danach das gemalte Bild in Ruhe anzuschauen. Was durch das Malen sichtbar geworden ist, wirkt jetzt durch das Betrachten unmittelbar auf Sie selbst zurück. Wenn wir das Bild anschauen, sehen wir uns selbst. Nehmen Sie das, was Sie sehen, als authentisches Zeichen Ihrer schöpferischen Kraft wahr. Geben Sie sich Zeit, beobachtend und akzeptierend zu entdecken, was Ihnen aus Ihrem Bild entgegenkommt. Jetzt können die Emotionen bewusst aufgenommen und in das Alltagsleben einbezogen werden. Wir können uns selbst besser verstehen und werden dabei zunehmend vertrauter mit uns und unserer Lebensgeschichte.

Wenn Sie mögen, geben Sie dem Bild einen Titel. Suchen Sie für Ihr Bild einen Platz, wo es für Sie sichtbar ist und sie es würdigen können: als Verstärker, als Kraftbild – eben als Symbol.

Wie wirksam auch ein einfaches Bild der Seele sein kann, möchte ich anhand dieses kleinen Beispiels schildern:

Ein südländischer Fabrikarbeiter malt sich das Ziel seiner Arbeit, ein Haus in seiner Heimat zu bauen, auf ein Blatt Papier und hängt es über seinen Arbeitsplatz in der Fabrik. Es hilft ihm, die Hänseleien der Kollegen leichter zu ertragen. Weil er gelassener bleibt, schafft er es sogar, dass die Hänseleien gänzlich aufhören.

Gibt es in Ihrem Leben jemanden, mit dem Sie Ihr Bild teilen können, ohne gleich beurteilt, interpretiert oder kommentiert zu werden? Ein Mensch, mit dem Sie Ihre Freude teilen können? Es ist bereichernd, mit einer vertrauten Person das Erfahrene zu besprechen – aber nur, wenn es dadurch nicht zu neuen Verletzungen und Kränkungen kommt. Gehen Sie mit Ihren Bildern und Ihren neu gewonnenen inneren Schätzen sorgsam um!

Wenn Sie beim Malen gefühlsmäßig an eine Grenze kommen, wenn Sie bedrohliche Gefühle erleben, z. B. von bedrückenden Ängsten oder großer Trauer überschwemmt werden, dann empfehle ich Ihnen sehr, sich in Ihrem Prozess therapeutisch begleiten zu lassen! Dies kann in einer Gruppe unter der Anleitung einer kunsttherapeutisch ausgebildeten Fachperson geschehen, oder Sie wenden sich direkt an einen Therapeuten oder eine Therapeutin, die mit künstlerischen Ausdruckformen arbeiten. Auch hier gilt es, jemanden zu suchen, der Sie dabei unterstützt, sich durch Malen und Gestalten selbst zu entdecken, ohne Ihnen Theorien, Methoden oder Überzeugungen überzustülpen.[55]

In der Jung'schen Psychotherapie wird die transformierende Kraft des Schöpferischen als einer der stärksten Heilungsfaktoren betrachtet. Es ist daher einleuchtend, dass das bildnerische Gestalten neben dem Gespräch in die therapeutische Arbeit mit einbezogen wird. Die Patientin, der Patient malt zu Hause oder während der therapeutischen Sitzung innere Bilder, wie sie in Träumen, Fantasien und Erinnerungen auftauchen. Indem der Maler seinen Gefühlen, Bedürfnissen und Vorstellungen Ausdruck verleiht, wird eine natürliche Entwicklungstendenz angeregt. »Ein Bild zu malen ist ein Selbstheilungsversuch der Psyche«,[56] sagt C. G. Jung und drückt damit aus, dass das Malen selbst bereits eine heilsame Wirkung hat. Im therapeutischen Gespräch über das Bild werden neue Einsichten in die jeweiligen Lebensbedingungen erkennbar und integriert. Dabei werden die Bilder nicht gedeutet oder erklärt, sondern es wird großes Gewicht auf das Erleben der Bilder gelegt. Die Aufgabe der Therapeutin oder des Therapeuten ist es lediglich, den Patienten dabei zu unterstützen, »die Bilder aus sich heraus zu verstehen«.[57] Was dabei bewusst wird, stellt eine Ressource für Veränderungen im Erleben und im Handeln des Menschen dar.

Der Prozess der Bewusstwerdung ist aber auch der Sinn und die Grundlage der ganzheitlichen Behandlung körperlicher und seelischer Krankheiten. Auch Krankheitssymptome sind Symbole, die uns das Zusammenwirken psychischer, somatischer und sozialer Faktoren unserer Befindlichkeit bewusst machen wollen. Mit schwierigen Situationen werden wir alle im Leben konfrontiert: mit Konflikten zwischen Eltern und Kindern, mit der Trennung vom Partner, dem Verlust des Arbeitsplatzes, mit einer schweren Erkrankung oder mit dem Tod. Da wird die Fähigkeit unserer Seele auf die Probe gestellt, ob und wie wir diese Lebenskrisen meistern können.

Die Tatsache, dass Malen dabei hilft, etwas, das gefühlsmäßig schwer zu verarbeiten ist, zu durchleben, zu gestalten und zu verändern, findet im psychosozialen Begleitprogramm vieler Kliniken und Rehabilitations-Einrichtungen bereits breite Anwendung. Bei den verschiedensten seelischen und körperlichen Krankheitsbildern ergänzen und erweitern kreativ-therapeutische Verfahren andere Behandlungsformen.

Bei seelischen Störungen wie z. B. Depressionen oder Schizophrenien, beim Burn-out-Syndrom, bei Angst- oder Ess-Störungen, bei Suchtkrankheiten und vor allem auch im Bereich der Kinder- und Jugendpsychiatrie werden die erkrankten Menschen durch die künstlerische Beschäftigung in ihren Veränderungsprozessen unterstützt. Bei der Behandlung der Folgen psychischer Traumatisierungen dient das bildnerische Gestalten der Entlastung von den Schreckensbildern und dem Zugang zu den Ressourcen des betroffenen Menschen.

Durch Malen können aber auch die Belastungen einer lebensbedrohlichen oder chronischen Krankheit gemildert werden. Die kreative Tätigkeit kann in den oft physisch und psychisch extrem schwierigen Situationen sehr hilfreich sein. Für tumor- und leukämiekranke Kinder, aber auch für an Krebs erkrankte Erwachsene ist Malen eine wichtige Hilfe, die Krankheit besser zu verarbeiten. Bei chronischen Erkrankungen wie z. B. Rheuma, Alzheimer/Demenz oder Langzeitbehinderungen nach Schlaganfällen entspannt das kreative Malen, motiviert, stärkt und verbessert die kognitiven Fähigkeiten. Dabei geht es in erster Linie darum, das Leben mit der Krankheit zu erleichtern, einen gewissen Halt und Selbstvertrauen wiederzufinden und Kraft zu bekommen, die anstrengenden Behandlungen durchzustehen. Wenn es zu einer Verbesserung des Krankheitszustands oder zur Heilung kommt, sind viele Menschen im Rückblick davon überzeugt, dass das Malen ein wichtiger Beitrag zu ihrer Heilung war.

Die Kraft des Schöpferischen wirkt in uns vom ersten bis zum letzten Atemzug. Durch die Wahrnehmung und das Gestalten der inneren Bilder wird diese Kraft belebt und kann als Ressource für unsere Lebensbewältigung genutzt werden. Wenn wir regelmäßig malen, wird die schöpferische Tätigkeit mit der Zeit zu einem wichtigen Bestandteil des Lebens, der uns auf dem Weg zur Ganzwerdung leitet und begleitet. Anregungen und Impulse zur Selbstentwicklung finden wir aber auch in der schöpferischen Auseinandersetzung mit der darstellenden Kunst, der Literatur und der Musik.

Teil 3
Kunst und Selbsterfahrung

1. Die Beziehung zwischen dem Bild und dem Betrachter

Eigentlich müsste die Überschrift dieses Kapitels »Die Beziehung zwischen dem Künstler, dem Bild und dem Betrachter« heißen, denn über das Bild nehmen wir auch mit der Künstlerin, dem Künstler Kontakt auf. Jedes Bild ist ein Symbol, in dem alles, was den Künstler ausmacht und was er während dem Gestaltungsprozess erlebt, enthalten ist. Darin fließen seine Lebensgeschichte, seine Erfahrungen und seine Begabung ein, aber auch etwas, das alle persönlichen Gegebenheiten übersteigt. Durch die tiefe Verbundenheit mit dem schöpferischen Prinzip ist er an das persönliche und kollektive Unbewusste angeschlossen, dessen Inhalte und Botschaften ihn zu seinen schöpferischen Gestaltungen inspirieren. Im Bild ist mehr an Bedeutung enthalten, als dies dem Künstler bewusst ist. Bei der Betrachtung von Kunstwerken antwortet etwas in uns darauf, was die Künstlerin, den Künstler bei seiner schöpferischen Arbeit bewegt hat und was jetzt im Kunstwerk sichtbar wird.

Wenn wir ein Bild betrachten, nehmen wir es als realen Gegenstand bewusst wahr. Gleichzeitig wirken die schöpferischen Inhalte des Kunstwerks aber auch unbewusst auf uns ein. Das geschieht vor allem dann, wenn wir uns unmittelbar von einem Bild angezogen oder abgestoßen fühlen. Das Bild fordert uns zu einem Dialog auf, zu einer vertieften Beziehung, bei der wir angeregt werden, der Resonanz, der Schwingung nachzugehen, die durch das Bild in uns ausgelöst wurde. Auf diese Weise werden Bilder für uns zu Symbolen, welche mit den Themen unseres Lebens in engem Zusammenhang stehen.

Wie spontan sich dies ereignen kann, möchte ich Ihnen anhand eines Beispiels schildern: Im Wartezimmer meiner Praxis hängt ein Abdruck von Friedensreich Hundertwassers Bild (224) *Der große Weg* (farbiger Bildteil, Bild 5). Es ist ein Bild, das mich selbst schon lange begleitet. Hin und wieder stehe ich gern für einen Moment davor und lasse dazu meine Gedanken schweifen. Als ich eines Tages Anna, eine 35-jährige Patientin, zur Therapiestunde abholen wollte, sagte sie: »Ich muss Ihnen erst etwas zeigen.« Sie zeigte mir dann im Bild, an welchem Ort ihrer Entwicklung sie sich ihrer eigenen Einschätzung nach im Moment befand. Dies entwickelte sich für eine gewisse Zeit zu einem Anfangs-Ritual unserer gemeinsamen Arbeit und der dabei gefundene

»Standort« war anschließend Thema unserer Arbeit. Anna fasst rückblickend ihre Erfahrungen so zusammen:

> »Während ich auf meine Therapiestunde wartete, fiel mein Blick immer wieder auf Hundertwassers Bild *Der große Weg*. Mit der Zeit erlebte ich mich als Teil vom Bild. Zu Beginn war es wie ein Spiel. Ich fixierte spontan auf dem Bild einen Punkt, dann fragte ich mich, was der Punkt mit mir zu tun hat. Meine Zielvorstellung war, ganz nahe an die Mitte zu kommen, denn damit definierte ich die Nähe zu mir selbst. Ein paar Mal versuchte ich, mir einzureden, schon ganz nah zu sein, bevor ich das Wartezimmer betrat. Schaute ich dann mit dieser Erwartungshaltung auf das Bild, war mein Punkt irgendwo weit draußen und womöglich noch schwarz. Das ließ mich vorsichtig werden in meiner Selbsteinschätzung. Es konnte aber auch vorkommen, dass ich mich voller Traurigkeit fühlte und dann beim Anblick des Bildes merkte, dass ich fast mitten im Zentrum war. Ich lernte zu akzeptieren, dass ich auf Hundertwassers Weg bezogen keine Geradlinigkeit feststellen konnte und dass mein Entwicklungsprozess dementsprechend auch nicht geradlinig verlaufen kann. Ich bewegte mich kreuz und quer auf dem Bild hin und her, und das galt es zu akzeptieren. Dem Wunsch nach Nähe zu mir selbst werde ich am ehesten gerecht, wenn ich aufhöre, irgendwo sein zu wollen, wo ich innerlich nicht bin. Die goldenen wie auch die schwarzen Punkte sind mir ans Herz gewachsen. Heute stehe ich auf einem gelben Punkt, morgen schwimme ich vielleicht wieder durch eine blaue Flussschlaufe, und das ist gut so. Ich bin auf dem Weg.«

Anna wusste nicht, dass Hundertwasser selbst dieses Bild auch mit unserem Leben in Zusammenhang gebracht hatte. Dieser außergewöhnliche Künstler war nicht nur Maler, er schuf auch grafische Kunstwerke und Beispiele für eine natur- und menschengerechtere Architektur. Er kämpfte gegen viele gesellschaftlich festgelegte Normen und setzte sich für den Schutz der Umwelt ein. In Hundertwassers Werken gibt es keine geometrisch geraden Linien, weil sie in der Natur nicht vorkommen. Seine Überzeugung war: »Die gerade Linie ist dem Menschen, dem Leben, der gesamten Schöpfung wesensfremd.«[58] Stattdessen war die Spirale ein zentrales Element seines malerischen Werkes. Die Spirale war für ihn ein Symbol des Lebens und des Todes, eine Zeitspanne, die uns gegeben ist und innerhalb derer wir Menschen uns zeitlebens bewegen. Die Bewegung auf diesem Weg verläuft in zwei Richtungen: nach innen, um im Kontakt mit der eigenen zentralen Kraftquelle zu sein; nach außen, wohin sich die Entwicklung und Entfaltung unseres eigenen Potenzials in der Welt richtet. Der Weg hinein ist auch der Weg, auf dem man wieder herauskommt: die sich rhythmisch wiederholende Bewegung zwischen innen und außen spiegelt den Individuationsprozess, bei dem wir zwischen der Konzentration auf uns selbst und der Öffnung zur Welt hin- und herpendeln sollten. Dabei umkreisen wir immer wieder den Mittelpunkt, was dazu anregt, immer mehr auf das Wesentliche im Leben bezogen zu sein.

Schöpferische Pause

Nehmen Sie sich Zeit, das Bild von Hundertwasser (farbiger Bildteil, Bild 5) auf sich wirken zu lassen. Gibt es einen Ort auf dem Bild, der Sie spontan anzieht? Welche der leuchtenden Farben schauen Sie besonders gern an? Gehen Sie spielerisch den Weg auf dem Bild nach. Wandern Sie mit den Augen den Weg von der Mitte weg oder gehen Sie in der Bewegung auf die Mitte zu, gerade so, wie es im Moment stimmig für Sie ist.

Haben Sie den blauen Weg gewählt, der wie der Lauf des Wassers in vielen spiraligen Windungen zum Bildrand fließt, und fühlen Sie sich dabei vom Fluss des Lebens getragen? Oder hat Sie der rote Weg angezogen, als Lebensfarbe, die uns mit unseren Urerfahrungen, dem vitalen Rot des Blutes und des Feuers verbindet?[59] Vielleicht ist für Sie das Grün im Bild besonders wohltuend, weil Sie darin die Kräfte der Natur erleben? Möglicherweise sind Sie nach kurzer Zeit verwirrt und wissen nicht mehr, wo es jetzt weitergeht? Haben Sie sich gefragt, was das große, dunklere Oval mit dem blauen Kern in der linken unteren Ecke bedeutet?

Wandern Sie mit Ihren Augen den Linien entlang und spüren Sie nach, ob diese Spirale etwas mit Ihrem eigenen Leben zu tun haben könnte. Lassen Sie sich vom Bild anregen, über Ihren eigenen Lebensweg mit seinen Stationen, seinen wechselnden Phasen und Wendepunkten nachzudenken. Schließen Sie für einen Moment Ihre Augen. Können Sie das Bild in Ihrer Vorstellung erscheinen lassen?

Vielleicht merken Sie schon: ein Bild zu betrachten ist ein Vorgang, bei dem das Bild nicht mit einem einzigen Blick erfasst werden kann. Man muss die Bereitschaft mitbringen, sich auf das Bild einzulassen, und sich etwas Zeit nehmen, um mit dem Bild in Beziehung zu kommen. Der Weg zur Kunst ist nicht gerade. Jeder Mensch hat einen ganz individuellen Zugang zum Erleben von Kunst. Ich möchte Ihnen aber einige Anregungen geben, wie durch eine ganzheitliche Betrachtungsweise das Sehen zum schöpferischen Prozess werden kann.

In Zusammenhang mit unserem Thema spreche ich zwar hauptsächlich vom »Bild«. Sie können aber auch andere Werke der bildenden Kunst, wie z. B. Skulpturen, Installationen, Grafiken oder Videokunst auf dieselbe Art betrachten. Das Bild von Hundertwasser nehme ich als praktisches Beispiel, um Ihnen die einzelnen Phasen der Beziehungsaufnahme zu einem Kunstwerk zu erläutern.

Jeder Mensch erlebt Kunst anders, jeder sieht ein Kunstwerk aus seiner eigenen Perspektive. Allgemein kann aber gesagt werden, dass wir beim Betrachten von Kunst gefühlsmäßig reagieren. Bei einer Studie über das Kunsterlebnis in Museen gaben 70 Prozent der Befragten starke Gefühlserlebnisse an, die in Bezug zum eigenen Leben gesetzt wurden.[60] Die Gefühle beziehen sich also sowohl auf das, was wir von Außen über die Sinne aufnehmen, als auch auf einen inneren emotionalen Zustand, der durch das Wahrgenommene hervorgerufen wird. Das ist für die gesamte Spannweite unserer Gefühle gültig: So haben z. B. manche Werbeplakate auf uns eine große ästhetische Anziehungskraft, während die groben Darstellungsformen mancher Graffiti an den Wänden oft abstoßend wirken.

Bilder sind eng mit unserer Gefühlswelt verbunden: Wir tragen die Fotografien unserer Kinder, Partner oder Eltern mit uns, betrachten sie und sprechen vielleicht mit ihnen. In diesem Moment fühlen wir uns ihnen näher, besonders wenn sie weit entfernt von uns sind oder nicht mehr leben. Am Ende einer Liebe zerreißen wir die Bilder, die für uns schmerzende Erinnerungen enthalten. Die Bilder vermeintlicher Feinde werden bei Demonstrationen mit Parolen beschmiert oder verbrannt. Die Magie der Bilder lässt uns wohl glauben, wir könnten die abgebildeten Menschen damit verderben oder entkräften.

Im Petersdom in Rom steht die Statue des Hl. Petrus. Sein rechter Fuß ist völlig abgewetzt, weil die Menschen, die hierher gepilgert sind, sich vermutlich erhofften, durch die Berührung an der spirituellen Energie dieses Menschen teilhaben zu können. Das monumentale Bauwerk des Doms kann aber auch ganz andere Gefühle hervorrufen, wie dies eine 23-jährige Studentin schildert: »Die Architektur im Petersdom kam mir so überdimensional, größenwahnsinnig und protzig vor, dass ich, obwohl ich ein relativ ausgeglichener, nicht sonderlich zu Aggressionen neigender Mensch bin, nur noch aggressive Gedanken hatte.«[61] Es muss sich also keineswegs nur um erfreuliche Gefühle handeln, die uns bei der Betrachtung von Kunst bewegen: auch Schrecken, Aggression oder Angst können erlebt werden. Besonders die zeitgenössische Kunst thematisiert oft peinliche, traurige oder abstoßende Seiten des menschlichen Lebens.

Die Abneigung oder der Protest gegen ein Kunstwerk kann uns aber aufrufen, genauer nachzuforschen, warum diese Ablehnung hervorgerufen wird, und uns davon herausfordern zu lassen, was die Künstlerin, der Künstler durch das Werk in uns auslösen wollte. Der Künstler ist Beobachter und Kommentator der Zeit, in der er lebt. Er möchte uns durch sein Werk dazu anregen, das Leben mit anderen Augen zu betrachten und die Rolle, die wir dabei spielen, zu erkennen. So kann uns auch ein etwas schwierigerer Zugang zum Kunstwerk Anstöße vermitteln, seine Bedeutung für uns zu erforschen. Manchmal muss man dabei intensiv suchen oder Erklärungen herbeiziehen. Aber auch dadurch, dass wir uns eine Meinung über das Werk bilden, kann sich etwas in uns bewegen. Im Gegensatz dazu ist es ja dann erholsam, sich ein anderes Mal wieder an der ästhetischen Schönheit oder der stimmungsvollen Ausstrahlung eines Bildes zu erfreuen.

Der Künstler Mark Rothko konnte durch Form, Farbe und Komposition in vollendeter Form Stimmungen ausdrücken. Das zentrale Anliegen seiner Kunst war die Beziehung zwischen dem Bild und dem Betrachter; ein aktiver Prozess sollte zwischen beiden stattfinden: »Ein Bild lebt in Gemeinschaft, indem es sich in den Augen des einfühlsamen Betrachters entfaltet und dadurch in ihm auflebt.«[62] Was in uns auflebt, ist das, was in unserer Seele bisher unbewusst geruht hat und was uns als Resonanz auf die schöpferische Gestaltungskraft des Künstlers oder der Künstlerin bewusst werden kann. Wenn wir mit dem Bild in Dialog treten, erschließt sich sein Wesen durch drei Fragen: Was fühle ich? Was sehe ich? Was weiß ich oder was will ich wissen?

Abb. 4: Die ganzheitliche Betrachtungsweise – Mit dem Bild im Dialog

- Was fühle ich?
  Bei der Betrachtung eines Bildes kommt es hauptsächlich darauf an, welches Gefühl dieses Bild bei Ihnen auslöst und was Sie beim Anschauen des Bildes erleben. Versuchen Sie, alles wegzulassen, was Sie über Kunst wissen oder glauben, wissen zu müssen. Lassen Sie sich wie ein Kind vom Bild ansprechen. Es ist überhaupt eine gute Idee, mit Kindern ins Museum zu gehen. Deren unbefangener Blick eröffnet uns eine Perspektive, die ungewohnt und erfrischend sein kann. Die leuchtenden Farben, die Hundertwasser verwendete, sind für Kinder ganz besonders attraktiv. So können auch Sie sich von einer bestimmten Farbe oder Form besonders angezogen fühlen. Erinnerungen an die Vergangenheit können auftauchen, die mit Gefühlen verbunden sind. Körperliche Signale drücken ebenfalls Emotionen aus, die uns unbewusst sind. Achten Sie daher auch auf Reaktionen Ihres Körpers: Ein Mann berichtet über eine wohlige Wärme, die in ihm aufsteigt, wenn ihm ein Bild gefällt. Eine Frau sagt, sie fühle ein inneres Prickeln im Körper, wenn ein Bild sie besonders beschäftigt.

  Sie können sich aber auch fragen, was Ihre Aufmerksamkeit zuerst angezogen hat. Vertrauen Sie Ihrer eigenen Erfahrung – oft steckt in den ersten Gefühlen zu einem Bild bereits eine Ahnung dessen, was nach der Erfassung aller anderen Aspekte die Essenz des Bildes für Sie ausmacht. Wahrzunehmen, was uns selbst am nächsten liegt, hilft uns, für spätere Bedeutungszusammenhänge offen zu sein. Die nächsten Schritte bringen uns auf dem Weg zum Verstehen des Bildes weiter und vertiefen unsere Wahrnehmungsfähigkeit.

- Was sehe ich?

Wir sehen mit unserem ganzen Gehirn. Jetzt können Sie Ihre Augen wandern lassen und auch mit Ihrem Verstand aufnehmen, was Sie auf dem Bild sehen. Die *Größe* des Bildes *Der große Weg* ist beeindruckend: Es misst 162 × 160 cm. Bilder wirken intensiver, wenn wir sie im Original sehen. Wenn Sie dieses Bild in der Österreichischen Galerie Belvedere in Wien[63] anschauen könnten, so würde es Ihnen sicher andere Eindrücke vermitteln, als dies mit der relativ kleinen Abbildung in diesem Buch möglich ist. Sein quadratisches *Format* lädt aber auch in dieser Größe zur Zentrierung und zur Meditation ein. *Farbe und Material,* die der Maler verwendet hat, beeinflussen ebenfalls unsere Wahrnehmung: Hundertwassers Bild ist auf zwei zusammengenähten Leinwandstreifen in einer ihm eigenen Mischtechnik gemalt. Die *Inschriften* oder eine *Signatur* des Künstlers sind ebenfalls Hinweise: Hundertwasser hat bei diesem Bild die Signatur außerhalb des Bildes auf dem Rahmen angebracht – wollte er vielleicht den starken Ausdruck dieses dynamischen Symbols nicht zerstören? Schon sehr früh hat er angefangen, alle seine Arbeiten fortlaufend zu nummerieren und die Entwicklung und Lebensgeschichte des Bildes festzuhalten, um es als lebendiges Zeugnis seiner Kunst mit einer Identität zu versehen. Einer Ihrer nächsten Schritte könnte die *Aufzählung aller im Bild vorkommenden Personen, Lebewesen, Architekturteile, Landschaftsausschnitte oder Gegenstände* sein. Eine wichtige Rolle spielt auch, wie das *Licht* im Bild erscheint. Wie man bei dieser Bestandsaufnahme am besten vorgeht, ist von Bild zu Bild verschieden: Man kann sich an ein System halten, das vom Vordergrund zum Hintergrund geht, oder man bewegt sich auf dem Bild vom Großen zum Kleinen. Bei der intensiven Betrachtung des Bildes *Der große Weg* ist es sinnvoll, zunächst die ganze Spirale aufzunehmen, dann vom Wasser im Zentrum aus die Richtung der *Bewegung* im Bild zu verfolgen und später andere Details genauer zu betrachten.

Es lohnt sich, diese Art der Bildbeschreibung zu üben. Wir lernen, Bilder genau und mit Aufmerksamkeit für Details zu sehen. Wenn man zu Übungszwecken eine Skizze der groben Strukturen des Bildes anfertigt, kann man diese Wahrnehmung noch vertiefen.

- Was weiß ich? Was will ich wissen?

Auf der Suche nach Bedeutungen sammeln wir noch weitere Informationen, die uns helfen, den Sinn des Bildes besser zu verstehen. Man sieht mehr, wenn man mehr weiß. Wenn wir den Sinngehalt der *Symbole und Zeichen* im Bild näher erfassen wollen, können wir entsprechende Symbollexika[64] dazu befragen. Die Spirale war schon in vorgeschichtlicher Zeit ein beliebtes Motiv, was wohl damit zusammenhängt, dass in der Natur, wie z. B. im Wasser, beim Wind oder in den Wolken, Spiralen schon immer beobachtet werden konnten. Diese Urform allen Lebens zeichnet aber auch symbolisch die Dynamik unseres Lebensweges nach, in dem Anfang und Ende, Werden und Vergehen als elementare Prozesse eng miteinander verbunden sind. Hundertwasser hat immer wieder Spiralen gemalt, weil sie für ihn ein lebendiges Symbol des Lebens waren. Jede Spirale enthielt für ihn auch das Element der Zeit, wie es unseren Lebenslauf strukturiert. Mit dem Wasser, dem Grundbestandteil allen Lebens, fühlte er sich existenziell verbunden. Wasser ist das prägende Element dieser Spirale, als lebendiges Symbol für das Fließen unseres Lebensstroms und das Einmünden in ein allumfassendes Zentrum. Man könnte es aber auch so sehen, dass das Wasser sich aus dem Zentrum herauswindet und manchmal uneben, manchmal gemächlich dahinströmt und dabei unaufhaltsam auf den Bildrand zustrebt. Beides ist möglich: Die mit Fruchtbarkeit und Leben zusammenhängende Symbolik des Wassers ist in jeder Wegrichtung wirksam.

Im *Thema eines Bildes* vermittelt der Künstler wesentliche Erfahrungen des Menschseins, wie er dies bewusst und unbewusst aufnimmt und durch den schöpferischen Prozess bildlich sichtbar macht. Das Bild spricht auch in uns bewusste und unbewusste Teile des Denkens und Fühlens an. Hundertwasser hat durch den *Titel* des Bildes das Thema bekräftigt, das er in seiner Bildsprache vermitteln wollte. Das menschliche Leben ist mit dem archetypischen Motiv vom Weg eng verknüpft: Das Pilgern, die Wanderschaft, Prozessionen und Weg-Rituale in den verschiedenen Religionen sind symbolische Ausdrucksformen dieses Archetypus. In der Jung'schen Psychologie sprechen wir vom Individuationsweg eines Menschen, um auszudrücken, dass er in der wechselseitigen Ausrichtung zwischen Innen und Außen immer auf dem Weg zu sich selbst ist. Jeder Mensch ist in seiner ganz eigenen Art auf einem Individuationsweg. Wesentlich für seine Wegsuche ist immer nur, mit wie viel Bewusstheit er diesen Individuationsweg geht.

Die *Entstehungsgeschichte* eines Bildes wird durch Texte, Fotos, Notizen oder Briefe des Künstlers, der Künstlerin dokumentiert. Hier erfahren wir, welche zeitgeschichtlichen und kunstgeschichtlichen Aspekte sie oder ihn beeinflusst haben. Dabei können wir von den vielen Informationen profitieren, die bereits zusammengetragen wurden: durch *Kunstbücher, Ausstellungskataloge* und *Führungen* in Museen erweitern wir unseren Erfahrungsspielraum. Informationen über Persönlichkeit und Lebensweg des Künstlers stellen einen lebendigen Bezug zu seiner Kreativität her. Auf diese Weise wird das Entstehen des Kunstwerks nacherlebt und gedanklich nachvollzogen.

Wenn ich selbst das Bild *Der große Weg* betrachte, dann ist das für mich untrennbar mit der Persönlichkeit Hundertwassers und seiner ungewöhnlichen Lebensweise verbunden: schöpferisch, fantasievoll und auf der Suche nach einem naturverbundenen Leben – ein Mann, der seinen Individuationsweg äußerst kreativ verfolgte und konsequent in der Durchsetzung seiner Ideen war. Hundertwasser war 27 Jahre alt, als er dieses Bild malte. Dass ihn das Thema Weg lebenslang beschäftigt hat, sieht man an einem Text, den er schrieb, als er fast 70 Jahre alt war:

Die Linie des Lebens ist alles andere als gerade.
Manchmal ein breiter Weg, manchmal ein schmaler Pfad.
Manchmal wild, manchmal ruhig.
Wie langsam fließendes Wasser.
Jeder Tag ist verschieden vom vorhergehenden
und vom nachkommenden – jedoch voll von Überraschungen
und dennoch hat er seine präzisen Gesetzmäßigkeiten
in jedem kleinsten Teilabschnitt.
Das Leben ist das größte Abenteuer
es ist die größte Reise
es ist der große Weg.

Hundertwasser, Kaurinui, Neuseeland, 17. 2. 1997[65]

2. Die Wirkkraft der Kunst

»Kunst *ist* ja Therapie« – Wie viel Wahrheit in diesem Ausspruch des Künstlers Joseph Beuys steckt, konnte ich vor kurzem an mir selbst erfahren:

In einer Zeit, als mein Leben prall gefüllt war mit Verpflichtungen, hatte ich nach einer Besprechung im Kunsthaus Zürich überraschend noch etwas freie Zeit zur Verfügung. Ich beschloss, durch die Räume des Kunsthauses zu schlendern und die Ruhe im Museum zu genießen. Die Begegnung mit Bildern und Skulpturen macht mir immer Freude und hilft mir dabei, mich zu sammeln und zu konzentrieren.

Als ich einen weiten Raum mit vielen Fenstern betrat, wurde meine Blick von einer Skulptur des Schweizer Künstlers Alberto Giacometti angezogen: *Le Chariot* (Der Wagen, 1950). Eine schmale Frauenfigur aus Bronze steht auf einem kleinen Podest, das von einem einachsigen Wagen mit zwei großen Rädern getragen wird. Fasziniert setzte ich mich auf eine Bank, von der aus ich das Kunstwerk gut sehen konnte. Ähnlich wie die Frau scheint auch der Wagen zu schweben, auch er hat keinen Bodenkontakt: Die Räder des Wagens stehen nochmals auf zwei Sockeln. Man hat den Eindruck, als wäre die Skulptur eine fragile Momentaufnahme, die einen selbst ebenfalls in einen Schwebezustand versetzt. Die Frau auf diesem Gefährt hat keine Zügel in der Hand, nichts, mit dem sie den Wagen lenken oder seine Geschwindigkeit regeln kann. Ich fragte mich: »Wie kann diese Frau nur das Gleichgewicht halten?« Während ich die Figur von allen Seiten betrachtete, empfand ich plötzlich eine große Ruhe in mir: Das war ja meine eigene Frage, die sich mir in diesem Moment stellte! Durch das Kunstwerk wurde mir aber deutlich bewusst: In meinem täglichen Leben findet dieser Balanceakt auch statt; die Räder rollen und ich selbst kann viel zu wenig Einfluss auf die Geschwindigkeit nehmen. Und dann wurde mir klar: »Ich muss wieder zu Fuß laufen.« Ich erkannte, was ich in meinem Alltag weglassen und was ich anders einteilen musste. In diesem Moment erlebte ich es auch körperlich so, als hätte ich wieder Boden unter den Füßen bekommen.

Abb. 5: Alberto Giacometti: Le Chariot (Skizze von Linda Briendl)

> Mit einer einfachen Skizze habe ich versucht, meinen Eindruck festzuhalten. Danach fühlte ich mich gestärkt und wieder ganz gelassen. Ich hatte die Skulptur schon früher gesehen – und doch bekam sie in dieser speziellen Situation eine andere Bedeutung. Durch die Betrachtung des Kunstwerks war ich mit einer Ressource in mir in Verbindung gekommen, die mir das Vertrauen gab, dass ich die nötige Balance zwischen Anspannung und Ruhe wiederfinden kann.

Was in diesem Moment der Begegnung mit dem Kunstwerk therapeutisch wirkte, war die Wiederherstellung eines inneren Gleichgewichts. Durch die vielen Dinge, die ich gleichzeitig im Bewusstsein halten musste, hatte ich mit der Zeit einen Zustand erreicht, in dem ich mich müde und erschöpft fühlte. Wir kennen das wohl alle: Es gibt Zeiten, da gelingt es uns nicht mehr, alles zu meistern, was wir täglich bewältigen müssen. Die Fähigkeit, mit dem Bewusstsein unseren Alltag zu kontrollieren, lässt nach, was zur Folge hat, dass die unbewussten Erlebens-

und Verhaltensweisen zunehmen: Wir vergessen Termine oder wichtige Erledigungen, verwechseln Namen, Orte und Daten. Je mehr wir uns anstrengen, desto weniger wird es möglich, unsere Kräfte sinnvoll einzusetzen. Durch die Zeit, die ich mir nehmen konnte, wurde die Begegnung mit dem Kunstwerk möglich und ich konnte einen Moment lang innehalten. Die Figur war ein Symbol dafür, was mir bewusst werden sollte.

Die Psyche hat die Fähigkeit, innere Gegensätze schöpferisch zu vereinen und in einem Symbol sichtbar werden zu lassen. Weil ich mich von diesem Symbol, Giacomettis Skulptur, angesprochen fühlte, konnte das Unbewusste kompensierend auf meine momentane Bewusstseinslage einwirken und Impulse zur Bewältigung schicken. Was in mir aktiviert wurde, hat C. G. Jung – wie schon erwähnt – mit dem Begriff »transzendente Funktion« bezeichnet, die Bewusstes und Unbewusstes in eine wechselseitige Beziehung zueinander setzt. Diese Beziehung ermöglicht uns neue Einsichten und Einstellungen, wir gewinnen mit der Zeit Vertrauen in die Selbstregulation der Psyche.

Der Zugang zur schöpferischen Kraft unserer Persönlichkeit kann uns durch bestimmte Umstände erschwert, aber nie für immer versperrt sein. Donald W. Winnicott geht davon aus, »dass es eine völlige Zerstörung der kreativen Lebensfähigkeit eines Menschen nicht geben kann und dass selbst in Fällen äußerster Angepasstheit und bei fehlgeschlagenem Persönlichkeitsaufbau irgendwo im Verborgenen ein geheimer Lebensbereich besteht, der befriedigend ist, weil er kreativ ist und dem betreffenden Menschen entspricht.«[66] Bei Menschen, die psychisch schwer krank sind oder unter unmenschlichen traumatischen Bedingungen zu leiden hatten, kann allerdings ihre kreative Entfaltungskraft so stark unterdrückt werden, dass sie letztendlich auch zerstört wird. Andererseits kennen wir aber auch Menschen, denen unter den schwierigsten Umständen besonders ihre Kreativität geholfen hat, zu überleben.

Mikis Theodorakis, der griechische Komponist, Sänger und Dichter, war in der Zeit der Militärdiktatur in Griechenland (1967–1974) ein erklärter Gegner der politischen Unterdrückung. Die Aufführung seiner Musik wurde vom Regime verboten, seine Lieder wurden aber im Volk als Zeichen des Widerstands gesungen. Theodorakis ging in den Untergrund.

Er wurde von der Geheimpolizei aufgespürt und im berüchtigten Folter-Gefängnis »Asphalia« in Einzelhaft gesetzt. In dieser isolierten Situation fing Theodorakis an, Gedichte zu verfassen und sie zu vertonen. Da er nichts zum Schreiben besaß, lernte er die Gedichte und die Musik auswendig, um sie nicht zu vergessen und, wie er selbst sagt, um den Verstand nicht zu verlieren. Noch 30 Jahre später konnte er die Gedichte aufsagen und die Lieder dazu singen.[67]

Ein anderes Beispiel, wie die psychische Widerstandsfähigkeit durch die Wirkkraft der Kunst gestärkt werden kann, ist die mexikanische Malerin Frida Kahlo, die als 18-Jährige durch einen Busunfall so schwer verletzt wurde, dass sie ihren Alltag immer wieder liegend und in einem Stahlkorsett zubringen musste. Unmittelbar nach dem Unfall begann sie, zur Beschäftigung im Bett zu malen. Trotz ihrer schweren Behinderung konnte sie immer wieder Kräfte aktivieren, die ihr halfen, ihr Leben mit Leidenschaft zu leben. Was sie empfand, drückte sie in ihren Bildern aus, die von Schmerz, Wut und weiblicher Identitätssuche erzählen. Das Malen wurde für sie mehr und mehr zu einer inneren Notwendigkeit, um ihr Leben zu meistern.[68]

Beispiele wie diese können uns Mut machen, den Kontakt zur verborgenen Kraft in unserer Seele wieder zu suchen. Oft wissen Menschen aber nicht, auf welche Weise ihre Kreativität gehemmt ist. Das hindert sie daran, ihre kreativen Fähigkeiten als Bereicherung ihres Lebens zu erfahren. Die Suche nach dem, was in uns verborgen ist, ist so ähnlich wie die Suche nach dem Schatz im Märchen. Wie der Held oder die Heldin müssen wir uns auf den Weg machen, um das zu finden, was uns entspricht und was uns hilft, unser Leben kreativ zu gestalten. Hilfreich sind dazu die inneren Bilder unserer Träume: Unser Tagesbewusstsein wird erst im Schlaf, wenn es herabgesenkt ist, offen für die Botschaften aus unserem Unbewussten. Der Bedeutung der Träume nachzugehen setzt Bewusstwerdungsprozesse in Gang. In Kontakt mit dem schöpferischen Unbewussten kommen wir aber auch bei Entspannungsübungen, während der Meditation, in unseren Fantasien und nicht zuletzt beim Malen.

C. G. Jung stellte die schöpferische Energie des Unbewussten in den Mittelpunkt seiner Theorie. Er beschrieb sie als eine dynamische Kraft, die ausgleichend auf das Bewusstsein wirkt. Das psychische System ist nach seiner Theorie noch um den Bereich des kollektiven Unbewussten erweitert, was einen unendlichen Raum für die Symbolbildung eröffnet. Die im kollektiven Unbewussten gespeicherten ewigen Symbole der Menschheit werden im schöpferischen Prozess belebt und vom Künstler durch seine individuelle Gestaltungskraft zu einem Kunstwerk geformt.

Kinder und Künstler verfügen über ein Bewusstsein, das dem kollektiven Unbewussten gegenüber offener ist als das normale Tagesbewusstsein eines Erwachsenen. Der Künstler hat sich diesen Übergangsraum zwischen Bewusstsein und dem Unbewussten sein Leben lang erhalten können und ist dadurch befähigt, die kreativen Impulse aus dem kollektiven Unbewussten in seinen Gestaltungen zu verwirklichen.

In der Begegnung mit Kunst begegnet uns immer auch die Künstlerin oder der Künstler des jeweiligen Werkes. Es wäre aber völlig falsch, aus meinem persönlichen Erleben mit dem »Wagen« den Schluss ziehen zu wollen, dass Giacometti ähnliche Empfindungen ausdrücken wollte. Der Künstler verbindet in seinen Gestaltungen drei Wahrnehmungsebenen, die sich gegenseitig durchdringen: die des Bewusstseins, des persönlichen Unbewussten und des kollektiven Unbewussten.

Zur Ebene des *Bewusstseins* gehört, wo und wie der Künstler aufgewachsen ist, welchen persönlichen und künstlerischen Entwicklungsweg er gegangen ist, wie seine Begabung erkannt und gefördert wurde, welche Kenntnisse und technisches Können er sich angeeignet hat. Die Erfahrungen, die er im Leben gemacht hat, sind ebenfalls Bestandteil seiner Ausdrucksweise. Giacometti war möglicherweise von den großen Rädern an den Fuhrwerken seiner Heimat, dem Bergell, inspiriert. Das ist ein interessantes Detail, das uns aber noch keine schlüssige Auskunft darüber gibt, warum er diese großen Räder wählte.

Im *persönlichen Unbewussten* sind ebenfalls erlebte Erfahrungen gespeichert, Konflikte, Unbewältigtes, Verdrängtes, aber auch schöpferisches Potenzial, das noch nicht entwickelt werden konnte. Von Alberto Giacometti ist bekannt, dass bei ihm Momente intensiver schöpferischer Tätigkeit von langen Phasen des Suchens, des Zögerns, der lähmenden Selbstzweifel unterbrochen wurden. Er erlebte Zustände der Niedergeschlagenheit, in denen nichts gelingen wollte. In Krisenzeiten half ihm zu zeichnen, also auszudrücken, was bewusst, wohl aber auch, was ihm unbewusst war.

Bewusstsein und persönliches Unbewusstes gehören zu den subjektiven Elementen, die bei der schöpferischen Gestaltung des Kunstwerks einfließen. Die Künstlerin, der Künstler wählt die ihm selbst seelisch verwandten Farben, Formen und Gegenstände. Seine persönliche Biografie und seine Konflikte können uns helfen, manches an seinem Werk besser zu verstehen, aber das Kunstwerk selbst kann dadurch nicht erklärt werden.

Viele Künstler haben trotz schwieriger Lebensumstände große Kunstwerke geschaffen. Jung schloss daraus, dass die schöpferische Energie eines solchen Menschen als autonome Kraft in ihm wirke: als ein Gestaltungsdrang, der als Impuls aus dem kollektiven Unbewussten aufsteigt und dem er sich wie einem eigenständigen Gebot unterwerfen muss.

Zu den tiefen Schichten des *kollektiven Unbewussten* hat die Künstlerin, der Künstler einen besonderen Zugang. Im schöpferischen Prozess werden archetypische Bilder in seiner Psyche belebt, entwickelt und gestaltet. Jung betrachtete den schöpferischen Gestaltungsdrang aus dem kollektiven Unbewussten wie ein eigenständiges lebendiges Wesen, das in der Seele des Menschen eingepflanzt sei, wie ein Baum.[69] Die Künstlerin bildet sozusagen den Nährboden, in dem das Schöpferische sich zu dem entfaltet, was sich aus ihr selbst heraus gestalten will. Die Kraft des schöpferischen Prinzips wirkt im Künstler über sein persönliches Bewusstsein hinaus und treibt ihn an, seinen inneren Bildern Ausdruck zu verleihen. Der Maler Jackson Pollock bestätigt dies: »Wenn ich in meinem Bild bin, bin ich mir nicht bewusst, was ich tue. Erst nach einer gewissen Periode des Vertrautwerdens sehe ich, was ich gemacht habe.«[70]

Im Kontakt mit seiner inneren Welt wird in der Künstlerin, im Künstler ein archetypisches Motiv konstelliert, das ihn fasziniert und emotional beschäftigt. Archetypische Bilder haben eine spezielle Wirkkraft, die auf Wandel und Veränderung ausgerichtet ist. Durch die kompensatorische Funktion des kollektiven Unbewussten wird aus dem unendlich großen kreativen Schatz der Menschheitsgeschichte ein Thema oder ein Urbild aktiviert, das der Künstler in einem oft langwierigen Prozess schöpferisch gestaltet. »Das sind Zeiten der Suche nach inneren Wahrheiten, bei denen ich nach innen gehe und einen Weg suche, wie ich dieses innere Bild umsetzen kann«, sagt eine meiner künstlerisch tätigen Freundinnen. Als Zeugen ihrer Zeit »sehen« Künst-

Bild 1a und 1b: Bilder von Aline

Bild 2: Traum von der Gelbbauchunke

Bild 3: Intuitives Malen

Bild 4: Die Farben des Lebens, Collage

Bild 5: Friedensreich Hundertwasser, (224) Der große Weg, 1955

Bild 6: Irma Müller-Nienstedt, Oben-ist-unten-ist-oben, 1993

Bild 7: Alexej von Jawlensky, Dunkelblauer Turban (Helene mit dunkelblauem Turban), 1910

Bild 8: Shiva Nataraja, Indien, Tamil Nadu, Meistergießer der Thanjavur-Gegend, imperialer Chola-Stil, um 1050, Bronze, H. 82,5 cm, Geschenk Eduard von der Heydt, Museum Rietberg Zürich

ler lange vor uns, was an Bewusstheit im menschlichen Leben fehlt. Indem neue und bisher nicht bewusste Inhalte zum Ausdruck gebracht werden, übersetzen sie die archetypischen Bilder für uns in die Gegenwart. Künstlerinnen und Künstler regen uns durch Bilder, Worte oder Töne dazu an, Neues zu sehen, zu denken und zu hören.

Dadurch wird es auch für uns möglich, wieder einen Zugang zu unseren eigenen schöpferischen Quellen zu finden. In diesem gemeinschaftlichen Bereich der menschlichen Seele fand wohl auch bei mir eine Berührung statt zwischen dem, was Giacometti ausdrücken wollte, und der Einsicht, die ich daraus für meine eigene Lebenssituation gewinnen konnte. Diese unbewusste Berührung kann nicht benannt, sondern nur erlebt werden: Das Kunstwerk trägt seinen Sinn in sich. Es soll aus sich heraus wirken und als solches respektiert werden.

Weil Künstlerinnen und Künstler oft dem Bewusstsein ihrer Zeit voraus waren, wurde ihre Kunst auch häufig nicht verstanden. Künstlerbiografien aus allen Epochen der Kunstgeschichte berichten darüber, wie Künstler ausgelacht oder verhöhnt wurden, wie ihre Kunst durch eine arrogante Betrachtungsweise entwertet wurde. Der norwegische Maler Edvard Munch löste einen Sturm der Entrüstung aus, als er sein Bild *Das kranke Kind* erstmals in der Öffentlichkeit zeigte, obwohl zu dieser Zeit viele Kinder an Tuberkulose starben. Seine Auseinandersetzung mit den tiefsten menschlichen Gefühlen wie Einsamkeit, Liebe und Tod, entsprach nicht dem damals gängigen Verständnis von Kunst. Und gerade deshalb musste diese neue Sichtweise in das menschliche Bewusstsein eingebracht werden, während sie uns heute durch die Erforschung der menschlichen Psyche viel geläufiger ist.

Es gibt viele Beispiele dafür, wie Künstlerinnen und Künstler das Übernommene der Gesellschaft nicht akzeptiert und nach alternativen Bildern, Symbolen und Ausdrücken gesucht haben. Indem sie kollektive Lösungen ablehnten und eigene Entwürfe kreierten, konnten sich auch neue Sichten auf das menschliche Leben entwickeln, die zu dieser Zeit in der Gesellschaft fehlten. Alice Miller macht darauf aufmerksam, dass es auch für Künstler ein Wagnis ist, sich vom Gelernten zu lösen und Wege zu beschreiten, die den anderen Menschen nicht vertraut sind: »Es ist eine Frage des Überlebens, als der, der man ist, und da besteht gar keine Alternative. Viele Künstler wissen, dass es keinen anderen Weg für sie gibt.«[71] Die Unbedingtheit, mit der ein schöpferischer

Mensch diesen Weg gehen muss, lässt darauf schließen, dass hier das Selbst am Werk ist, das tief in unserer Seele darauf wartet, verwirklicht zu werden. Das Selbst ist die Quelle der Kreativität, und eine lebendige dynamische Beziehung zu dessen Wirkkraft ist für den Künstler lebenswichtig.

Das bedeutet aber, dass es dem Künstler, der Künstlerin gleichzeitig nicht gelingen kann, sich an die gesellschaftlich gültigen Normen und Werte anzupassen. Er oder sie ist auf der Suche danach, Innen- und Außenwelt in einer Zwischenwelt zu vereinigen und diesen inneren Vorgang für andere Menschen erfahrbar zu machen. Diese Balance zu finden macht das Leben nicht einfach: Der Künstler ist in der Regel vom Schöpferischen so stark besetzt, dass ihm weniger Energien zur Gestaltung seines alltäglichen Lebens zur Verfügung stehen. Seine Sensibilität für die Botschaften aus dem Unbewussten kann für seine praktische Lebensbewältigung eher hinderlich sein. Unser Befremden über die ein bisschen »verrückten« Lebensweisen der Künstlerinnen und Künstler wird durch diese Erkenntnis etwas gemildert. Jung gibt zu bedenken: »Es gibt selten einen schöpferischen Menschen, der den göttlichen Funken des großen Könnens nicht teuer bezahlen muss.«[72]

Die Wirkkraft der Kunst ist andererseits aber auch eine Ressource, die künstlerisch tätige Menschen bei der Selbstregulation ihrer Psyche unterstützt. Gerade das schöpferische Gestalten kann zum Zustand des relativen Gleichgewichts der Seele beitragen. Wird ein Künstler von dieser Ausdrucksmöglichkeit seiner eigenen Identität abgeschnitten, reagiert die Seele mit Zuständen der Depression und Verzweiflung. Künstlerinnen, die während der Zeit des Nationalsozialismus in Deutschland interniert waren, bettelten inständig um Papier und Bleistift, um zeichnen zu können. Der Maler Emil Nolde, der zur gleichen Zeit mit einem »Malverbot« belegt war, malte kleinformatige Bilder, die er die »ungemalten Bilder« nannte und sie an den verschiedensten Orten versteckte, um sie vor der Zerstörung zu schützen. Malen wird sogar zur Hilfe beim Überleben. Der Schriftsteller Hermann Hesse, der im Alter von fast 40 Jahren in einer Zeit starker innerer und äußerer Krisen zu malen begann, schreibt in einem Brief: »[...] und bin, alles in allem, durch das Malen in diesem letzten Jahr am Leben gehalten worden, das ich sonst nicht ausgehalten hätte.«[73]

Im Bereich des kollektiven Unbewussten wird es noch viel schwieriger, Rückschlüsse darauf zu ziehen, welcher Empfindung Giacometti mit der Gestaltung des »Wagens« Raum geben wollte. Unzählige archetypische Motive vom Rad oder dem Wagen könnten durch seine Skulptur einen neuen Ausdruck gefunden haben. Die Erfindung des Rads vor fast sechstausend Jahren war eine der wichtigsten Erfindungen, die von Menschen je gemacht wurde. Sie hatte großen Einfluss auf die Entwicklung der Menschheit und ist auch heute noch zentrales Element der gesamten Technik, die wir nutzen. Die vom Rad vollführte Bewegung ist ein ständiges Auf und Ab, was auch die Zyklen unseres Lebens mit seinen Höhen und Tiefen symbolisiert. Bereits in der Antike war das Rad ein Symbol der griechischen und römischen Glücksgöttinnen. Wir werden im Laufe unseres Lebens immer wieder einmal damit konfrontiert, dass dieses Rad sich nicht immer zu unseren Gunsten drehen kann, dass wir unsere Lebensabläufe nicht eigenmächtig steuern können – eine schmerzhafte Erkenntnis. Das Rad dreht sich. Und niemand kann es stoppen. Wenn wir uns darum bemühen, mit den fortlaufenden Wandlungsvorgängen zwischen Oben und Unten, Werden und Sterben, Beginnen und Aufhören im Einklang zu sein, dann können wir die ständige Bewegung als Grundbedingung unseres Lebensweges annehmen. Bei aller Bewegung gibt es aber im Zentrum des Rades die Nabe, die durch ihre Stabilität und Ruhe auch als ein Symbol dafür angesehen werden kann, was in unserem Leben als wesentliche und unvergängliche Einheit steht: das Selbst.

In der Mythologie verschiedener Völker spielt der Wagen eine wichtige Rolle. Viele hinduistische Gottheiten werden auf Streitwagen dargestellt, und in der griechischen Mythologie fährt der Sonnengott täglich in dem mit feurigen Rossen bespannten Sonnenwagen über den Himmel. Es gibt unzählige weitere symbolische Bedeutungen, die unsere eigene Sicht auf das Kunstwerk erweitern können. Giacometti hat diese Ursymbole in einen neuen Zusammenhang mit unserem menschlichen Dasein gesetzt. Die Frage, die sich für uns daraus ergibt, lautet: »Woher kommen wir, wohin gehen wir? Und wer lenkt?« – Eine Frage, die uns mit dem Sinn unseres Lebens verbindet.

Nicht nur die Künstlerin oder der Künstler, sondern auch wir tragen das archetypische Wissen in uns und werden durch das Kunstwerk wieder damit in Verbindung gebracht: Die unzähligen Beispiele typischer Erfahrungen des psychischen Lebens der Menschheit und ihr Niederschlag in den archetypischen Bildern fordern uns auf, uns mit unserer eigenen Existenz als Mensch auseinanderzusetzen.

Übung zur ganzheitlichen Betrachtungsweise

Verwenden Sie das Bild der Malerin Irma Müller-Nienstedt (farbiger Bildteil, Bild 6) als einen Spielraum für Ihre eigenen Gefühle und Gedanken.

Wenn wir ein Bild sehen, spüren wir oft blitzschnell, ob wir das, was wir sehen, mögen oder nicht. Am Anfang steht daher die Wahrnehmung: »Was fühle ich?« Oder: »Was habe ich zuerst wahrgenommen?« Was gefällt Ihnen oder wo möchten Sie lieber nicht hinsehen? Dabei können Ihre eigene Erfahrungen und Erinnerungen mit einfließen. Dann wenden wir uns dem Inhalt des Bildes zu: »Was sehe ich?« Fragen Sie sich zunächst, was ein Schiff, das Meer oder die Sterne für Sie selbst bedeuten. Um Ihr Denken zu erweitern, können Sie dann mit der der Frage: »Was weiß ich, was will ich wissen?« auf die Suche in einem Symbol-Lexikon gehen, um herauszufinden, wo sich durch die Motive aus dem kollektiven Unbewussten eine Verbindung zu Ihrem eigenen Leben ergibt. Der Titel eines Kunstwerks und die persönliche Biografie einer Künstlerin, eines Künstlers kann Ihre Betrachtungsweise ebenfalls bereichern. Gehen Sie hin und wieder auf die beiden Wahrnehmungsebenen des Fühlens und des Sehens zurück, um die Bedeutung dieses Bildes ganzheitlich zu erfassen.

Falls in Ihnen während dieser Bildbetrachtung ein inneres Bild auftaucht, dann malen Sie Ihr eigenes Bild als Antwort auf dieses Bild. Vielleicht haben Sie aber auch das Bedürfnis, ein ähnliches Bild zu malen? Das ist auch eine Möglichkeit, die Bedeutung des Bildes mehr mit der Seele zu erfassen.

Ich möchte das Bild, das Irma Müller-Nienstedt 1994 gemalt hat, mit Ihnen gemeinsam betrachten und Ihnen anhand dieses Beispiels vermitteln, wie eine *Bildinterpretation* vor sich gehen kann. Es trägt den Titel »Oben-ist-unten-ist-oben«.[74] Auf mich wirkte das Bild mystisch, geheimnisvoll, als ich es das erste Mal sah. Die Ruhe und eine gewisse Einheit, die darin lag, hat mich angesprochen. Es ähnelt einem unbewussten Traumbild und regte auch in mir Unbewusstes an. Dann fühlte ich mich irritiert. Was ist da in diesem Segelboot? Ein Fisch? Mein Verstand fängt an, zu arbeiten: Dieser riesige Fisch kann doch so gar nicht überleben! Das Bild gibt mir Rätsel auf, fesselt meine Aufmerksamkeit. Dann lasse ich mich wieder mehr von der Stimmung im Bild ansprechen. Für mich spiegelt sich darin eine psychische Urerfahrung von uns Menschen, die C. G. Jung in symbolisch-bildhafter Form »Nachtmeerfahrt« genannt hat. In vielen Mythen, Märchen und religiösen Überlieferungen findet sich das Motiv des Helden, der auf seinem Weg durch viele Gefahren hindurch auch in die Welt des Dunkels, in einen unbekannten seelischen Raum, eintauchen muss, um dort eine wertvolle Kostbarkeit zu finden. Um danach gewandelt und mit einem neuen, gestärktem Bewusstsein daraus hervorzugehen. Wir kennen dieses Gefühl aus unseren eigenen Lebenskrisen, wenn sich unsere Welt verdunkelt und in unseren Träumen Ungeheuer auftauchen, die uns verschlingen wollen. Wie in der ägyptischen Mythologie gibt es nach jeder Nachtmeerfahrt einen Sonnenaufgang, und wir sprechen dann davon, dass wir »durch etwas hindurchgegangen« seien.

In diesem Bild sind viele archetypische Symbole enthalten, deren Bedeutung ich hier nur kurz zusammenfassen möchte. Die vielen Erscheinungsformen, in denen ein Archetyp sich zeigt, sind immer durch zwei entgegengesetzte Pole gekennzeichnet, von denen der eine nicht ohne den anderen genannt werden kann. So beziehen sich z. B. Leben und Tod, weiblich und männlich, Gut und Böse, Bewusstes und Unbewusstes und nicht zuletzt Oben und Unten immer aufeinander, sie bedingen und ergänzen sich gegenseitig.

Das Dunkel der Nacht, das wir mit Dämonen, Angst, Unheil und Tod verbinden, enthält gleichzeitig ein Bild des Anfangs aller Dinge – so erzählen es die Mythen von der Erschaffung der Welt. Anfang und Ende, Tod und neues Leben gehen ineinander über. Im Christentum feiern wir die Geburt Jesu in der heiligen Nacht, und in der Osternachtsfeier wird um Mitternacht das Erscheinen des Lichts mit Freude begrüßt. Die symbolische Erfahrung, dass aus der Nacht das Heil kommt, findet sich auch in anderen Religionen: Buddhas Erleuchtung fand in der Nacht unter einem Baum statt und der Prophet Mohammed erhielt seinen göttlichen Auftrag in der Nacht im Schlaf.

Das in der Nacht auf dem Meer fahrende Schiff ist überstrahlt vom Sternenhimmel. Die Verbindung mit der großen Welt des Kosmos war für die früheren Völker der Nomaden oder Seefahrer lebensnotwendig. Die Kenntnis der Sternbilder war eine wichtige Hilfe, um über den eigenen Standort informiert zu sein und die weitere Richtung festzulegen. Der Himmel lässt uns die grenzenlose Freiheit des Geistes erahnen, das Meer symbolisiert das Unbewusste mit seiner grenzenlosen Ausdehnung und Tiefe. Es ist einerseits Sinnbild unerschöpflicher Lebenskraft, andererseits fürchten wir aber die verschlingende und unergründliche Qualität der Tiefe des Meeres, die Dunkelheit, das Chaos. Wasser ist ein Lebenselement; es stillt den Durst, reinigt und erfrischt. Durch seine klaren und fließenden Eigenschaften ist das Wasser von jeher verbunden mit der Seele und wirkt in vielen spirituellen Ritualen heilend und segnend zugleich. Wasser kann aber auch bedrohlich und lebensfeindlich sein, wie uns bei Überschwemmungen und Flutwellen bewusst wird.

Das Schiff ist mit allen diesen Elementen verbunden: Das Wasser trägt es, der Wind treibt es an, die Sterne zeigen den Weg. Das Schiff hängt mit der Reise, dem Unterwegssein zusammen und ist so auch mit unserem Leben verknüpft, als Lebensreise, Pilgerfahrt. Unser Lebensschiff segelt auf dem Meer der Zeit dahin, manchmal auf gutem Kurs, manchmal unruhig, vom Wind hin- und hergetrieben.

Der Fisch lebt in der Tiefe des Wassers. Bei vielen Völkern ist er ein Symbol für Glück, Fruchtbarkeit und langes Leben; als verschlingendes Ungeheuer wird er aber auch mit dem Tod in Verbindung gebracht. Als Symbol des Heilbringers war der Fisch unter den frühesten Christen ein Geheimsymbol für Christus. Tiefenpsychologisch gesehen weist das Wasser auf die Dynamik der Psyche hin; dementsprechend ist der Fisch ein Symbol für das Selbst, das in der Tiefe unserer Seele lebt und dessen Botschaften wir erkennen sollten.

Das Lebenselement der Vögel ist die Luft, sie gelten wegen ihrer Fähigkeit zu fliegen als Mittler zwischen Himmel und Erde. Sie werden als Symbol des Geistes angesehen, gelten aber auch als Sinnbild der Seele, die den Körper verlässt, wenn ein Mensch stirbt.

Im Bild von Irma Müller-Nienstedt erscheinen Wirklichkeit und Fantasie nicht mehr als zwei verschiedene Realitäten, sondern als zwei Versionen einer einzigen Realität. Dem Geistigen, in der Höhe befindlichen, steht das Dunkle, in der Tiefe ruhende, gleichberechtigt gegenüber: Der große Fisch im Segelboot wird im Wasser gespiegelt zu einem Vogel, der im Boot sitzt. Das Lebenselement des Fisches ist das Wasser, das des Vogels die Luft – hier sind beide von ihrem Lebensraum getrennt. In der Schweiz sagt man zu nicht klar definierbaren Dingen: »Das ist weder Fisch noch Vogel«, und gibt damit der Überzeugung Ausdruck, dass es eben nur das eine oder das andere sein kann.

Die Künstlerin nennt dieses Bild ein »Wendebild«, weil für sie oben und unten zusammengehören und das eine jeweils die Spiegelung des anderen sei. In der Zeit, in der dieses Bild entstanden ist, musste sie gleich mehrere schwierige Ereignisse in ihrem Leben bewältigen, die ihre ganze Kraft beanspruchten. Die monatelange Arbeit an diesem Bild habe in ihr immer neu ein Gleichgewicht zwischen dem Geschehen in der Außenwelt und den schöpferischen Kräften ihrer Innenwelt hergestellt.[75]

So wie die Malerin Innen- und Außenwelt auf dem Bild zusammengebracht hat, so müssen wir alle auf dem Weg der Individuation immer wieder eine Verbindung zwischen den zahlreichen Polaritäten unserer Existenz herstellen. Es gilt, einen Weg zu finden, wie wir uns sowohl an das äußere Leben, z. B. in Beruf und Familie, als auch an die inneren Bedingungen unserer individuellen Persönlichkeit anpassen können. Wir versuchen oft, die schwer auszuhaltenden Gegensätze zu bewältigen, indem wir sie voneinander trennen. Wenn wir aber z. B. meinen, den Gegensatz von Gut und Böse dadurch aufheben zu können, dass wir nur das Gute sehen wollen, so wird das Böse oder Destruktive aus dem Unbewussten heraus wirken und schwierig zu bewältigende Beziehungsprobleme verursachen. Wenn wir hingegen akzeptieren, dass beides, Bewusstsein und Unbewusstes, Teile unseres seelischen Ganzen sind, dann können wir die schöpferische Wechselbeziehung zwischen diesen Polen nutzen. Auf diese Weise lösen wir uns vom »Entweder-Oder« und gewinnen eine Haltung des »Sowohl-als-Auch« oder, wie die Malerin es ausdrückt: »Oben-ist-unten-ist-oben«. Auf der Linie zwischen Oben und Unten bewegt sich unser Lebensschiff.

Der Gegensatz zwischen lichter Höhe und dunkler Tiefe wird auch durch den Fisch und den Vogel überwunden, die sich beide in der gegensätzlichen Sphäre befinden. Obwohl die Elemente von Himmel und Wasser, von Geist und Materie, so gegensätzlich sind, kann doch das eine ohne das andere nicht sein. Die Lösung der scheinbar unüberwindlichen Gegensätze sieht C. G. Jung darin, dass in der Materie immer auch der Keim des Geistes und im Geist immer auch der Keim der Materie zu entdecken sein müsse[76] – so wie sich auf dem Bild der Fisch in der Luft und der Vogel im Wasser befindet. Paracelsus, der große Arzt aus dem 16. Jahrhundert, hat das sehr anschaulich so ausgedrückt: »Nichts ist so schwarz, als dass es nicht auch Weißes enthielte, und nichts ist so weiß, als dass es nicht auch Schwarzes in sich hätte« – eine Weisheit, die mich schon lange in meiner psychotherapeutischen Arbeit begleitet. Schwarz und Weiß bedingen und ergänzen sich gegenseitig – das eine enthält das Wissen um das andere. Irma Müller-Nienstedt ist es gelungen, alle diese Gegensätzlichkeiten und Symbole auf ihrem Bild zu vereinen. Das regt auch uns an, die vielfältigen Elemente unseres Lebens, alle Eindrücke, Erfahrungen, Gedanken und Gefühle zu einem Ganzen zu verbinden.

Zusammenfassung: Der Dialog mit dem Bild ist ein Prozess. Die einzelnen Schritte der ganzheitlichen Betrachtungsweise überschneiden sich und lassen sich nicht klar voneinander trennen, wie dies in Abb.4 (siehe S. 101) veranschaulicht ist. So wird auch die Bedeutung des Kunstwerkes nicht von den einzelnen Wahrnehmungsstadien (Gefühl, Inhalt, Wissen) allein hergeleitet, sondern kann nur durch eine ganzheitliche Betrachtungsweise erfasst werden. Sie bildet sich aus den Überschneidungen zwischen Gefühl, Inhalt und Wissen und stellt die Quintessenz dessen dar, was bei der Bildbetrachtung als wesentlich empfunden wurde. Unser Gehirn verarbeitet alle Reize gleichzeitig, parallel und in verschiedenen Verknüpfungen. Wir erleben das aber als einheitliches Gefühl. Kunst sehen ist ein kreativer Akt: Während wir schauen, warten, uns annähern und verstehen, wird das Bild als Erfahrung fließend und lebendig. Nachher sind wir nicht mehr dieselben. Durch Kunst verändert sich unsere Wahrnehmung von der Welt.

Es gibt viele Wege, die wir beim Betrachten von Bildern einschlagen können: Bei den meisten Bildern, von denen wir fasziniert sind, erleben wir eine starke innere Angerührtheit. Es kann aber auch sein, dass ein einzelnes Symbol uns anregt, darüber nachzudenken. Eine besondere Verbindung zu einem Bild kann entstehen, wenn wir das Bild eines Künstlers sehen, den wir schon kennen, oder ein Motiv entdecken, das für uns eine spezielle Bedeutung hat. In der Begegnung mit dem Bild begegnen wir immer auch uns selbst.

Übung: Man versteht Malerei besser, indem man selbst malt!
Wie würde Ihr eigener »Großer Weg« aussehen? Malen Sie Ihre Lebensreise mit allen unterschiedlichen Wegstrecken, den Umwegen, den Rastplätzen oder Wegweisern, die darin enthalten sind. Oder gestalten Sie eine Fantasie, wie Ihr innerer Entwicklungsweg aussehen könnte. Wenn Sie mögen, suchen Sie nach verwandten Symbolbildern wie dem Labyrinth, den Jahresringen eines Baumes oder dem Lebensrad. Oder lassen Sie zu, dass sich ganz andere Formen unter Ihren Händen entwickeln. Wählen Sie für Ihren eigenen »Großen Weg« die Farben, die Sie am liebsten mögen. Wie erleben Sie sich selbst als »auf dem Weg seiend«? Was hilft Ihnen dabei, weiterzugehen? Worauf vertrauen Sie? Malen Sie Hundertwassers Bild nicht nach, sondern gestalten Sie aus Ihrer eigenen schöpferischen Kraft heraus etwas ganz anderes, Neues – Hundertwasser hätte seine Freude daran!

3. »Das hat mich angesprochen!« – Begegnung mit Kunst im Museum

Durch Kunst die eigene Kreativität anzuregen setzt die innere Bereitschaft voraus, mit Kunst in Beziehung zu treten. Um Kunstwerke zu sehen, begeben wir uns ins Kunstmuseum. Aus welchen Gründen wir dies auch tun: Wir erhoffen uns etwas von diesem Besuch. Gemäß einer allgemeinen Auffassung »bildet« Kunst – und diese Aufgabe war der Grund, warum wir als Jugendliche mit den Besuchen im Museum oft nichts anfangen konnten und wollten. Je nachdem, ob die Umgebung, in der wir aufgewachsen sind, einen natürlichen Zugang zur Kunst hatte oder nicht, wird Kunst im Erwachsenenalter für uns wichtig sein, oder wir erklären, dass wir mit Kunst »nichts am Hut haben«. Es gibt Menschen, die in Erinnerung an die Museumsbesuche gar keine Lust mehr haben, eines zu besuchen. Das liegt zum Teil auch daran, dass sie meinen, sich dort besonders gebildet oder intelligent aufführen zu müssen.

Dabei ist die Bereitschaft, Bilder zu erleben, alles, was nötig ist. Es geht darum, sich ansprechen zu lassen von dem, was man sieht, und nach dem eigenen Geschmack auszuwählen, wo man genauer hinsehen will. In Ausstellungen findet man ein reichhaltiges Angebot und in den meisten Fällen hat man sich für den Museumsbesuch auch Zeit genommen. Es gilt also, ein Kunstwerk zu finden, das einen persönlich anspricht. Ich meine das im wahrsten Sinne des Wortes: Gehen Sie einmal in eine Ausstellung und setzen Sie sich nicht unter Druck, »alles« gesehen oder aufgenommen haben zu müssen. Sie brauchen nichts aktiv zu suchen, damit Ihnen nichts entgeht. Es geht vielmehr darum, zu empfangen, was zu Ihnen kommen will. Schlendern Sie ganz gemütlich durch die Räume und warten Sie, bis ein Bild zu Ihnen »spricht«. Keine Sorge, Sie werden das spüren! Es zieht einen zu einem Bild hin, das man vielleicht schon von Weitem gesehen hat, und man möchte genauer wissen, wie das aussieht. Oder ein Körpergefühl meldet sich, z. B. schlägt Ihr Herz schneller oder Sie atmen tiefer. Es kann auch eine Farbe sein, auf die Sie aufmerksam werden und die Sie als besonders wohltuend empfinden. Wenn Sie in sich eine Resonanz spüren, ein Mitschwingen mit dem, was Sie sehen, dann bleiben Sie stehen und lassen das Bild näher auf sich wirken. Bleiben Sie dabei, was Sie fühlen, und bewerten Sie Ihre Empfindungen nicht. »Seelenvibration« nannte der Maler Kandinsky das Gefühl, das durch das Bild ausgelöst werden sollte. Und Hundertwasser hat einmal gesagt, ein gutes Gemälde erkenne man daran, dass das Bild voller Magie sei und dass es etwas in Bewegung bringe.

Schöpferische Pause
Haben Sie so einen magischen Moment schon einmal erlebt? Erinnern Sie sich an ein Erlebnis mit bildender Kunst, das Sie tief beeindruckt hat? Eine Begegnung, die mit starken Gefühlen oder starker innerer Angerührtheit einhergegangen ist? Oder an ein beeindruckendes Erlebnis, das Ihnen z. B. überraschend eine neue Einsicht vermittelt hat? Wissen Sie noch, wo Sie das Kunstwerk gesehen haben? Wie sein Titel war? Mit welcher Lebenssituation war das verbunden? Waren Sie auf einer Schulreise, in den Ferien oder haben Sie diese Begegnung im Rahmen einer Ausbildung erlebt?

In einer Pilotstudie zur psychologischen Wirkung von Kunst befragten Schuster und Ameln-Haffke[77] zwei unterschiedliche Gruppen (Seminarteilnehmer und Besucher eines Museums), ob sie sich an ein besonderes Erlebnis mit einem Kunstwerk erinnern könnten. Die Hälfte der Befragten konnte sich an ein solch »großes Kunsterlebnis« erinnern. Die meisten erkannten einen Zusammenhang mit ihrer persönlichen Biografie, mit aktuellen Lebensproblemen dieser Zeit. Eine breite Palette von erlebten Gefühlszuständen wurde genannt, die von Geborgenheit, Glück, Zufriedenheit, Freude einerseits bis hin zu Aufregung, Trauer, Schreck oder Angst andererseits reichte; darunter waren auch Gefühle wie Ergriffenheit, Dankbarkeit oder Rührung.

Kunst ist mit einer besonderen Kraft geladen; das Original eines Kunstwerks hat eine besondere Wirkung. Man spürt den Kontakt zur Künstlerin, zum Künstler, versucht, sich in ihn hineinzuversetzen und bewundert sein Können. »Das ist jetzt ganz wirklich!«, hörte ich einmal einen Ausstellungsbesucher neben mir zu seiner Frau sagen; er war augenscheinlich sehr berührt davon, William Turner im Original sehen zu dürfen. Durch die Begegnung mit dem Original können auch Vorurteile abgebaut werden: Eine meiner Freundinnen schrieb mir nach einem Ausstellungsbesuch in Essen, wie sehr sie die Farben auf den Bildern von Caspar David Friedrich begeistert hätten, dem Maler der deutschen Romantik, den sie früher als kitschig empfunden habe: »Alle meine Vorurteile gegen diesen Maler fielen bald in sich zusammen, als ich die Bilder ›wirklich‹ sah.« Caspar David Friedrich sah die Natur als Spiegel menschlicher Empfindungen, und etwas davon hatte sich meiner Freundin über die Originale mitgeteilt.

Museen sind Schatztruhen, in denen wir wichtige Reichtümer für unsere Entwicklung entdecken können. Das war auch bei Maria so, die von einem Bild so fasziniert war, dass es eine Neuorientierung in ihrem Leben auslöste. Im Kunsthaus Zürich fand Anfang 2006 eine eindrucksvolle Ausstellung statt: »Fest der Farbe«. Gezeigt wurden Gemälde und Plastiken aus der Sammlung Merzbacher-Mayer, deren Ausdruckskraft viele Besucherinnen und Besucher begeistert haben. Unter den Kunstwerken war auch ein Bild von Alexej von Jawlensky, *Helene mit dem dunkelblauem Turban* (farbiger Bildteil, Bild 7) welches auf Maria eine starke Anziehung ausübte.

Maria erzählt: »Als ich zum ersten Mal vor dem Bild der ›Helene mit dem dunkelblauen Turban‹ stand, fühlte ich mich wie elektrisiert, als hätte man bei einer Champagnerflasche den Korken knallen lassen. Ich wurde von vielen Gefühlen überrollt, die ich bisher auf die Seite geschoben hatte. Kurzfristig aber auch so etwas wie Rebellion: – ›Jetzt stehe ich für mich selber ein.‹ Was Helene mir vermittelt, ist ein Teil von mir, der mir vor diesem Zeitpunkt nicht zugänglich war. Ich schob das dann aber schnell wieder zurück, das durfte im Moment nicht sein.

Solange die Ausstellung lief, ging ich immer wieder einmal zu Helene zurück. Sie anzusehen tat mir gut und gab mir Kraft. Die Farbkombination zwischen dem warmen Rot und dem lebendigen Fuchsia-Rot, zusammen mit dem dunkelblauen Turban, fesselte mich. Der Blick und der Gesichtsausdruck dieser Frau ließen mich immer wieder hinschauen: Manchmal wirkte sie auf mich eher beobachtend, traurig und abwartend, dann aber auch ganz warm, wissend und herausfordernd. Sie strahlte Stärke und Feinheit, Traurigkeit und Lebenslust, Wachsamkeit und Ruhe zugleich aus. Am liebsten hätte ich das Bild mitgenommen, um es in mein Zimmer zu hängen.«

Von diesem Zeitpunkt an setzte bei Maria ein intensiver Prozess der Suche nach ihrer eigenen Identität ein, was sie in einer Psychoanalyse bei mir intensiv verfolgte. Ausgehend von einem Traum, in dem sie ein Kleid in den Farben der Helene trug, das sie aber nicht mehr tragen wollte, fing sie an, Bilder zu malen, in denen sie mehr und mehr der Frage nachging, wie ihre eigene Identität wirklich aussehe. Die 44-jährige Maria hatte sich bis zu diesem Zeitpunkt sowohl im Zusammenleben mit ihrer Familie als auch im Beruf eher männlichen Rollenvorstellungen angepasst und dabei ihre eigene weibliche Individualität unterdrückt. Nach der Begegnung mit dem Bild begann eine ziemlich turbulente Zeit, in der Maria neue Möglichkeiten für ihr Leben suchte und auch ausprobierte – eine Zeit, in der sie mit großem Nachdruck auch von ihrer Umgebung einforderte, dass sie diesen Weg jetzt gehen müsse.

Das Bild von Helene und Marias Traum waren Symbole, die Anstöße für ihren Individuationsprozess gaben. Dabei rückte beim Malen immer mehr ihr eigenes Gesicht in den Vordergrund. Zentrale Fragen tauchten auf: »Welches Bild habe ich von mir, welches Bild haben die anderen Menschen von mir und welches Bild habe ich von den anderen Menschen?« Das entspricht den beiden Aspekten des Individuationsprozesses: Einerseits soll ins Leben hineingebracht werden, was in uns entwickelt werden will, wobei vieles verändert werden muss, was wir vorher für richtig gehalten haben. Damit ist aber immer auch verbunden, dass wir in unseren Beziehungen neue Wege einschlagen müssen. Für Maria stellte sich die Aufgabe, wie sie am besten ihren eigenen Vorstellungen entsprechend ihr Leben neu gestalten und sich gleichzeitig die wichtigsten Beziehungen in ihrem Leben erhalten könne. Der Frage »Wie komme ich am besten an und bleibe trotzdem ich?« ging Maria nach, indem sie immer wieder ihr Gesicht malte, zuerst sehr farbig, dann mehr und mehr in dunkleren Tönen. Das Gesicht eines Menschen ist Ausdruck des Persönlichsten – etwas, das allein zu ihm gehört. Dort werden die Spuren seines Lebens sichtbar.

Alexej Jawlensky (1864–1941) hat lebenslang das menschliche Gesicht erforscht und schöpferisch gestaltet. Seine ersten Porträts malte er noch sehr genau, wie es zu seiner Zeit üblich war. Eine Veränderung seines Stils zeigt sich zunächst an den kräftigen Farben, die den emotionalen Inhalt seiner Bilder ausdrücken sollten. Das Bild *Helene mit dem dunkelblauen Turban* aus dem Jahr 1910 ist eines der Frauenporträts dieser Phase. Sie waren das Ergebnis seiner Suche danach, wie er die Natur entsprechend seiner inneren Empfindung in Farbe umsetzen könnte, weil er davon überzeugt war, man müsse den Menschen spüren, der das Bild gemalt hat.

Später werden die Linien feiner, die dargestellten Gesichter werden eher durch Farbflecke charakterisiert, um sich schließlich in Flächen aufzulösen, die das Gesicht nur noch ahnen lassen. Mehr und mehr konzentrierte sich der Maler auf das Wesentliche im menschlichen Gesicht. Seine Bilder erinnern zunehmend an die Ikonen der orthodoxen Religion in Russland, woher Jawlensky ursprünglich stammte. Das menschliche Antlitz bekam durch die Abstraktion etwas Archetypisches, allgemein Menschliches.

In den letzten Jahren seines Lebens entstehen Gesichter, die seinen Blick nach innen repräsentieren; er will Geistiges, Göttliches zum Ausdruck bringen. »Meditationen« nannte er diese Bilder in dunkleren, aber ausdrucksvollen Farben, die oft auf die Form eines Doppel-Kreuzes reduziert sind. Ab 1934 gestaltete er innerhalb von drei Jahren ca. 1000 kleinformatige Werke – eine sehr schmerzhafte Arthritis hinderte ihn mehr und mehr daran zu malen. Jawlensky schildert in einer Art Lebensbericht, dass seine Kunstentwicklung »seelische Entwicklung« gewesen sei: »Darum male ich nur das, was in meiner Seele ist, was tief in mir liegt, wie eine Meditation.«[78]

Was den Künstler beim Gestalten bewegt hat, überträgt sich durch das Bild auf den Betrachter: Auch für Maria wird das Bild von Helene zur Meditation. Wenn sie das Bild heute ansehe, so wirke Helene auf sie wie ein Klangkörper, aus dem volle, warme und eher tiefere Töne erklingen. Die Verbindung zur Musik, die Maria in ihrer Beziehung zum Bild empfindet, wird auch durch die Aussage von Kandinsky bekräftigt, der vom »inneren Klang« spricht, den ein Bild haben muss.

Jawlensky hat auf diesem Bild meisterhaft den Gegensatz zwischen dem Hintergrund in einem kalten Rot und dem warmen Rot von Helenes Bluse gestaltet. Die beiden Rottöne strahlen Energie aus, die wohl auch Jawlenskys emotionale Beziehung zum Modell spiegelt (Helene war die Mutter seines Sohnes und wurde später seine Ehefrau). Das Bild bringt auch in uns Emotionen zum Klingen, wenn wir es betrachten. Farbe birgt eine enorme Kraft in sich, die auf den ganzen menschlichen Körper einwirken kann, die aber auch einen direkten Einfluss auf die Seele ausübt. Besonders bei Rot wird auch eine körperliche Reaktion mit einbezogen: Das warme Rot wirkt aufregend, vital und weckt Assoziationen zu Feuer oder fließendem Blut. Das kühle bläuliche Rot, das zum Violett tendiert, verbindet uns eher mit der Stimmung von sehnenden Empfindungen, in denen sich, wie Ingrid Riedel schreibt, »schöpferische Umbrüche von innen her ankündigen«.[79] Obwohl das Bild von Helene einerseits Ruhe ausstrahlt, entsteht andererseits durch die Farbgegensätze eine innere Dynamik, die eine gewisse Spannung erzeugt – die Gegensätze sind im Bild vereint.

Rot ist anregend und belebend. Je nach Intensität und Quantität kann Rot aber auch aggressiv und bedrängend wirken. Aus den Urerfahrungen, welche die Menschheit im Laufe ihrer Geschichte mit einer Farbe gemacht hat, ist die Symbolik entstanden, die wir mit einer Farbe verbinden; weitergehende Bedeutungen haben sich dann in jedem Kulturkreis unterschiedlich entwickelt. Darüber hinaus gibt es im Leben jedes Menschen persönliche Bedeutungen der Farbtöne, die jeweils den Gefühlstönen entsprechen, die wir dabei erleben. Es gibt auch Menschen, die sich von Rot überfordert oder sogar bedroht fühlen.

Übung mit Rot

Welches Gefühl verbinden Sie mit Rot? Woran erinnert Sie die Farbe?

Spielen Sie beim intuitiven Malen einmal mit Rot: Suchen Sie in Ihren Wasser- oder Gouache-Farben ein klares Rot. In den meisten Farbkästen wird diese Farbe als Scharlachrot oder Karminrot bezeichnet. Führen Sie den Pinsel mit diesem Rot über das Papier, so wie es Ihr Arm gerade will, und lassen Sie das Rot erst einmal auf sich wirken. Mischen Sie dann auf einem Teller oder einer Palette dem Rot etwas Gelb bei, so lange, bis es Ihnen entspricht, und kombinieren Sie das neue Rot auf der Malfläche mit dem ersten. Nehmen Sie dann wieder das Rot des Anfangs und fügen Sie etwas Blau hinzu – auch diesmal so lange, bis Sie damit einverstanden sind. Es geht nicht darum, ein Bild zu entwickeln, sondern darum, mit den verschiedenen Farbmischungen zu experimentieren. Gibt es einen Farbklang auf Ihrem Bild? Eine Dissonanz, die kraftvoll wirkt? Möglicherweise wollen Sie das Bild nochmals mit dem klaren Rot abrunden? Die Kombination, die so entstanden ist, stellt Ihre persönliche Beziehung zu der Farbe dar, so wie Sie sie fühlen. Vielleicht sind Sie auch in Kontakt mit einer körperlichen oder seelischen Energie gekommen?

Experimentieren Sie im Alltag mit Rot, sammeln Sie alle Abstufungen von Rot, die Ihnen heute begegnen. Das reicht vom roten Lämpchen an der Kaffeemaschine über das Rot der Verkehrsampel bis hin zur Farbe des Rotweins, den Sie am Abend genießen. Welches Rot begegnet Ihnen? Welches Rot bleibt Ihnen in Erinnerung? Wenn Sie das einen Tag lang üben (das geht natürlich auch mit anderen Farben), dann schulen Sie gleichzeitig Ihre Wahrnehmung und stimulieren Ihre Kreativität.

Wir empfangen zwar Bilder von außen, wir machen sie aber zu unseren eigenen Bildern. Sie meinen, Sie schauen das Bild an? Eigentlich blickt das Bild auch Sie an. Helenes Gesicht ist direkt auf den Betrachter gerichtet, als wollte sie sagen: »Hier bin ich!« Und wir, die wir uns diesem Blick aussetzen, könnten den Impuls empfinden, zu antworten: »Und hier bin ich selbst«, und uns dadurch bewusst werden, dass wir da und lebendig sind.

Bilder sprechen zu uns, Bilder erzählen eine Geschichte. Hinter diesem Bild scheint sich für mich eine geheimnisvolle Geschichte zu verbergen. Könnte Helene Ihnen diese Geschichte erzählen? Haben Sie überraschende Einfälle dazu, wenn Sie das Bild ansehen? Gibt es spontane Fragen, wie sie Kinder vielleicht stellen würden – z. B. warum Helene einen Turban aufhat oder warum sie ihren Kopf aufstützt? Lassen Sie sich inspirieren vom Bild. Wenn Sie Ihr Wissen vertiefen wollen, so empfehle ich Ihnen, in einem der Bücher über Jawlensky den wechselhaften Weg dieses Künstlers und seine künstlerische Entwicklung nachzulesen. Eine größere Abbildung des Bildes von Helene befindet sich – neben anderen eindrücklichen Kunstwerken – im Katalog der Ausstellung »Fest der Farbe«.[80] Vielleicht haben Sie aber auch einmal Gelegenheit, eines von Jawlenskys Bildern im Original zu sehen. Viele Museen bieten neben den Führungen für die Öffentlichkeit, in denen eine ausgewählte Anzahl von Bildern erläutert wird, auch museumspädagogische Veranstaltungen an. Dabei werden die Kunstwerke unter den verschiedensten Aspekten ausgewählt, kommentiert und diskutiert. Wie auch immer Sie Ihre Kenntnisse erweitern, es wird die Art und Weise, wie Sie Bildern begegnen, bereichern.

Im Museum wird die Wahrnehmung von Kunst grundlegend geprägt; die Frage danach, wie das Kunstwerk unser psychisches Erleben beeinflusst, ist daher wichtig. Die Eröffnung einer psychologischen Sichtweise auf das Kunstwerk wird von den Museen bisher eher noch wenig berücksichtigt. Solche Veranstaltungen finden aber großen Anklang, wie ich das vor einigen Jahren erfahren habe, als ich im Museum Rietberg in Zürich einige Kurse dieser Art durchführen konnte. So haben sich z. B. zum Thema »Symbole des Wandels – Das menschliche Leben in der Kunst« Teilnehmende unterschiedlicher Altersgruppen und Berufe an sechs Abenden im Museum getroffen und sich anhand der Ausstellungsstücke mit der Frage auseinandergesetzt, wie wir durch den Dialog mit Kunst auf Fragen des Menschseins eine Antwort finden können. An jedem der Abende haben wir uns während zwei Stunden mit jeweils nur einer Figur beschäftigt, was die meisten Gruppenmitglieder zunächst als ziemlich lang empfanden. Gegen Ende der monatlichen Treffen wurde diese Zeit dagegen zu kurz, was dazu führte, dass wir die Diskussion außerhalb des Museums weitergeführt haben. Mein Ziel war es, die Teilnehmenden in persönlichen Kontakt mit dem jeweiligen Kunstwerk zu bringen. Kunst weckt Gefühle – deshalb stand auch hier die Frage am Anfang: Was spricht mich an, was regt mich zum Nachdenken an? Meine Aufforderung, sich frei dazu zu äußern, was diese Figur für jeden persönlich bedeutet, wurde von der Gruppe zunehmend spontan beantwortet. Da wir vereinbart hatten, nichts von dem, was gesagt wurde, zu werten, war mit der Zeit auch genug Vertrauen gewachsen, auch persönliche Empfindungen oder Erfahrungen einzubringen, was für alle Teilnehmenden bereichernd war.

Natürlich wollten wir das Kunstwerk nicht nur aus dem Blickwinkel des psychologischen Erlebens betrachten, sondern auch seinen kunstgeschichtlichen, ethnologischen und religiösen Hintergrund einbeziehen. Deshalb wurde in einer zweiten Phase zusammengetragen, was bezüglich Form, Farbe und Material an diesem Kunstwerk zu sehen ist. Wozu diente das Kunstwerk? Welche symbolischen Bedeutungen haben die Gegenstände? Wann ist das Kunstwerk entstanden und wie ist es in die jeweilige Kultur oder Religion eingebettet? Wir »umkreisten« sozusagen das Kunstwerk von allen möglichen Seiten, um mit ihm in Beziehung zu treten. Dabei flossen auch andere symbolische Bedeutungen ein, wie sie in Märchen, Mythen oder anderen Bildern zum Ausdruck kommen. Am Ende ergaben sich aus den Wechselbeziehungen der verschiedenen Bereiche untereinander nochmals neue Bedeutungen.

Die Verbindung mit anderen Kulturen führte auch dazu, Interesse und Verständnis für andere Sichtweisen zu entwickeln. Durch die rituellen Handlungen, für die die Plastiken aus Afrika und Indien gestaltet worden waren, wurden die archetypischen Stationen deutlich, wie sie im menschlichen Leben vorkommen: Kindheit, Jugend, Liebesbeziehung, Elternschaft, Zeit der Reife, Alter und Tod. Die aus dem Hinduismus stammende Figur von Shiva, dem göttlichen Tänzer, der durch seine Bewegung den Kosmos in Gang hält und der auch unsere menschlichen Lebensrhythmen begleitet (farbiger Bildteil, Bild 8), bildete den Abschluss dieser Serie und war für die Teilnehmenden gleichzeitig auch der Höhepunkt.

Schöpferische Pause
Widmen Sie der Figur des Shiva Nataraja eine Zeit, in der Sie das Kunstwerk aus dem 11. Jahrhundert auf sich wirken lassen. Wie ist Ihre Reaktion auf dieses Kultbild? Wie bewegt sich der »kosmische Tänzer« Ihrer Meinung nach? Spüren Sie eine Magie, die von diesem Tanz ausgehen könnte? Hören Sie in Ihrer Vorstellung eine Musik dazu? Ist sie laut oder leise, schnell oder langsam? Was denken Sie passiert, während Shiva tanzt? Setzen Sie das Kunstwerk in Bezug zu Ihrer eigenen Person – gibt es eine Frage, die Ihnen das Bild stellen könnte? Und wie würde Ihre Antwort lauten?

Bevor ich im nächsten Kapitel darauf eingehe, mit welchen inneren Ressourcen wir durch die Beziehung zu diesem Symbol in Kontakt kommen können, möchte ich Ihnen noch die ersten Reaktionen der Museumsgruppe auf diese Figur schildern:

> Ein Mann musste sich etwas weiter wegsetzen, weil er fand, soviel Nähe zur Figur könne er nicht aushalten. Durch den Kreis, der den tanzenden Shiva umschließt, fühlten sich einige der Teilnehmenden wie in einer

umfassenden Einheit gehalten. Eine Frau fand: »Das Gesicht spricht mich nicht an, es ist so unbeteiligt.« Eine andere Frau identifizierte sich mit der kleinen menschlichen Figur, auf der Shiva tanzt, und fühlte sich ebenso klein und unbedeutend. Während ein Gruppenmitglied meinte, in der eleganten Haltung der Gottheit liege Kraft und Ruhe, spürte eine andere Frau speziell die dynamische Bewegung in der Figur. Ein Teilnehmer versuchte daraufhin, selbst diese Haltung einzunehmen und empfand es als schwierig, das Gleichgewicht zu halten. Die Gruppe meinte dann, das sei eher eine Yoga-Übung. Gruppenmitglieder, die diesem Symbol auf einer Reise schon begegnet waren, schilderten, wie sie an einem Ritual zur Verehrung von Shiva teilnehmen konnten. Diese Erfahrung habe ihnen auch als Angehörigen einer christlichen Religion eine tiefe Erkenntnis über ihre eigene Spiritualität vermittelt und ihr Lebensgefühl vertieft.

4. Durch Kunst die eigenen Ressourcen entdecken und aktivieren

Wie kann Kunst dazu beitragen, dass wir das, was in unserer inneren Schatzkammer verborgen ist, finden können? Kunst wurde und wird von jeher als Weg der Erkenntnis, der Veränderung und Heilung eingesetzt. Durch die Begegnung mit Kunst wird unsere Kreativität angeregt, die eine wichtige Ressource für unsere Lebensbewältigung ist. Wir entdecken in unserer Seele innere Potenziale, Energiequellen, die unsere Fähigkeiten, Erkenntnisse, Talente, Neigungen und Stärken enthalten. Kunst bringt etwas in uns zum Schwingen, belebt etwas, das uns so noch nicht bewusst war. Kunst kann Auslöser dafür sein, psychische Entwicklungsprozesse in Gang zu bringen. Dabei werden unsere Gefühle angesprochen, was sich hauptsächlich im Erleben von Freude und Zuversicht äußert.

Bilder können in uns ein Feuer der Begeisterung entzünden. Dass wir uns für etwas begeistern können, dass uns etwas fasziniert, ist eine wichtige Ressource. Kunstwerke können aber auch helfen, Gefühle von Trauer, Leid und Schmerz zu verarbeiten. Menschen mit traumatischen Lebenserfahrungen fühlen sich durch bestimmte Bilder gestärkt, in denen sie ihr eigenes Erleben gespiegelt finden:

> Ruth Klüger, die als österreichische Jüdin mit elf Jahren in ein Konzentrationslager gekommen war, fand im Bild *Guernica* von Pablo Picasso später wohl einiges von den Gefühlen ausgedrückt, denen sie als Kind ausgesetzt war: »[…] im Museum of Modern Art hing noch Picassos Guernica – der Bombenkrieg in entstellten Menschen und Tieren und Häusern, Entstellung bloßgestellt in den Konturen der Moderne. Ein Flüchtling war Guernica in New York – auch ein Gemälde konnte ein Flüchtling sein – und blieb es, bis die Spanier es sich vor einigen Jahren nach Hause holten. Das war uns das liebste Bild von allen.«[81]

Picasso hat dieses Bild als Reaktion auf die Zerstörung der Stadt Guernica durch die deutsche Luftwaffe gemalt und die Todesangst der Menschen in abgestuften Grautönen sichtbar gemacht. Das Bild ist eine Anklage gegen Krieg, Gewalt und Zerstörung.

Wie viel Kraft von Picassos Bild anscheinend immer noch ausgeht, zeigt die Tatsache, dass die Guernica-Reproduktion, die in der UN-Zentrale in New York hängt, für den Auftritt des amerikanischen Außenministers Powell im Februar 2003 mit der blauen Fahne des Sicherheitsrates verhängt wurde. Die Politiker fürchteten wohl, dass die Argumente Powells, ein Krieg im Irak sei unumgänglich, wenig überzeugend wirkten, wenn in demselben Fernsehbild im Hintergrund die schrecklichen Folgen solcher Taten zu sehen sind.

Maler machen Geschichte sichtbar. Gleichzeitig wird uns im Kontakt mit der Kunst auch unsere eigene Vergänglichkeit bewusst. Viele Schöpfer der Kunstwerke, die wir bewundern, leben nicht mehr, und wir nehmen in ihren Werken ihre Spuren und den Geist früherer Zeiten wahr. Auf diese Weise mit unserer eigenen Endlichkeit konfrontiert zu werden, kann zum Nachdenken veranlassen, welche schöpferischen Spuren wir selbst hinterlassen wollen. Da tauchen Bilder auf, Visionen oder eine Sehnsucht nach Lebensräumen, die wir mitgestalten wollen. Archetypische Themen wie dieses verbinden uns mit der ganzen Menschheit.

Pablo Picasso hat einmal gesagt, Kunst wasche den Staub des Alltags von der Seele. Kunstwerke zu betrachten macht es möglich, eine gewisse Distanz zu den Dingen einzunehmen, die uns im Alltag belasten und umtreiben. Man muss nichts machen, die Erfahrung mit dem Bild genügt sich selbst. Das hilft uns, zu entspannen:

> Mit dem tanzenden Shiva führe ich jedes Mal einen wortlosen Dialog, wenn ich im Museum Rietberg bin. In diesen Momenten fühle ich mich verbunden mit den schöpferischen Kräften der Menschen vor fast 1000 Jahren. Die Figur des Shiva Nataraja hat ihre Wirkkraft im Laufe der Zeit nicht verloren, sondern an Kraft dazugewonnen. Immer wieder nehme ich etwas wahr, das mir vorher noch nicht aufgefallen war. Danach fühle ich mich frisch, energiegeladen; die Seele hat wieder für eine Weile aufgetankt.

Darin liegt auch die befreiende Wirkung von Kunst. Sich von der Alltagsroutine, Sorgen oder Einengungen zu lösen, kann zu neuen Sichtweisen oder zur Entdeckung neuer Möglichkeiten führen. Das ist besonders wirksam, wenn – wie das häufig der Fall ist – Museen im Urlaub besucht werden, wenn die Alltagssorgen in den Hintergrund treten.

Kunst soll neue Erkenntnisse vermitteln. Durch die Erfahrungen, die sowohl der Künstler, die Künstlerin während der Gestaltung als auch wir als Betrachtende machen, werden wir verwandelt.

Kunst kann unsere Identität stärken. Wenn wir ein Kunstwerk betrachten, können wir auf neue Facetten der eigenen Persönlichkeit aufmerksam werden:

> Auf einer Reise zu den Werken des Pfarrers und Künstlers Sieger Köder besichtigte unsere Gruppe auch den »Frauenaltar« in der Pfarrkirche von Wasseralfingen. Die Bilder des Flügelaltars zeigen außergewöhnliche Frauen, die wegweisend und heilend wirkten: Biblische Frauen des Alten Testaments sind auf der einen Seite, auf der anderen Seite sind Frauen aus der nachbiblischen Zeit bis hin zu Mutter Teresa im 20. Jahrhundert abgebildet. In der Mitte steht eine gotische Madonna mit Kind. Im Kontakt mit den Bildern wurden Themen spürbar, die für Frauen zu allen Zeiten aktuell sind und doch bei jeder einzelnen Frau Empfindungen zur eigenen Lebensgeschichte ausgelöst haben. Für die weiblichen Mitglieder der Reisegruppe war der Besuch des Frauenaltars jedenfalls der erklärte Höhepunkt der Reise.[82]

Solche positiven Erlebnisse können in unserer Seele zu emotionalen Inseln der Kraft werden. Durch Abbildungen in Büchern oder auf Karten kann das Symbol weiter wirksam bleiben. Wie das Bild eines geliebten Menschen bei jedem Anblick gute Gefühle in Ihnen hervorrufen kann, so vermögen auch Bilder oder Figuren, die Sie seelisch berühren, eine entsprechende positive Resonanz in Ihnen auszulösen:

> Bei Anna hängt eine Reproduktion des Bildes *Der große Weg* von Hundertwasser über ihrem Arbeitstisch und ermutigt sie, auf ihrem Weg zur Matur (Abitur) entschlossen weiterzugehen. Wenn ich meine Skizze von Giacomettis »Wagen« hinter dem Computer ansehe, so spüre ich das Gefühl von Ausgewogenheit wieder, das ich nach meinem Erlebnis im Kunsthaus hatte. Der Ausstellungskatalog, in dem »Helene« von Jawlensky abgebildet ist, begleitet Maria im Alltag und in ihre Ferien.

Was wir im Zusammenhang mit der Situation, in der wir dem Kunstwerk begegnet sind, emotional erfahren haben, wird zur Ressource, die wir in uns immer wieder aufrufen können. Kunst vertieft unser Lebensgefühl, indem wir die Lebensrealität direkter erfassen und uns damit verbinden.

Die Wirkkraft des Kunstwerks bringt uns in Kontakt mit etwas Erhabenem, etwas, das sich weit über unsere individuelle Existenz erhebt: das schöpferische Prinzip, welches in der Natur und durch alle Menschen, Völker und Zeiten hindurch existiert und im Kunstwerk jeder Künstlerin und jedes Künstlers, jeder Nation und jeder Epoche sichtbar und erfahrbar wird. Es gibt Kunstwerke, von denen ein besonderer Segen ausgeht. Die Emotionen, die Menschen angesichts dieser Bilder empfinden, erleben sie als Einswerden mit einer göttlichen Kraft, die sie je nach Religionszugehörigkeit anders nennen. Dem Göttlichem zu begegnen heißt, innerlich tief berührt zu werden. Im Mittelalter sahen die Leute das Bild des Isenheimer Altars von Matthias Grünewald an und glaubten, durch den Anblick gesund zu werden. In vielen Religionen sind Bilder und Figuren Symbole der göttlichen Allgegenwart, mit deren Kraft sich die Gläubigen durch die Betrachtung der Kunstwerke verbinden können.

In der Religion des Hinduismus ist der Lebensweg immer ein spiritueller Weg mit dem Ziel, dass der Gläubige die Einheit mit der göttlichen Realität erkennen soll. Die oben schon erwähnte Kultfigur des Shiva Nataraja (farbiger Bildteil, Bild 8) ist ein religiöses Symbol, das ich hier in seiner psychologischen Bedeutung erläutern möchte.[83]

Shiva ist einer der drei großen Götter im Hinduismus – Brahma, Vishnu, Shiva –, welche die drei fundamentalen Kräfte der Natur darstellen: Schöpfung, Erhaltung und Zerstörung. Shiva repräsentiert den zerstörerischen Aspekt; er erscheint aber auch in schöpferischer Gestalt, wie hier als kosmischer Tänzer. Zerstörung ist die Voraussetzung für neues Werden, und in diesem Sinne verwandelt Shiva die Welt. Er ist Sinnbild des ewigen Kreislaufs von Werden und Vergehen.

Die Symbole, die zu ihm gehören, veranschaulichen diese Bedeutung: In der rechten Hand hält er eine Trommel, die den Rhythmus des kosmischen Tanzes symbolisiert, der jeweils mit dem ersten Schöpfungston beginnt. Im Gegensatz dazu versinnbildlicht die Flamme in der linken Hand das Feuer, das am Ende eines jeden Zeitalters die Welt zerstört. Die beiden vorderen Hände gewähren Segen, Wohltaten und Schutz; er zeigt sich dadurch auch als wohlwollender Gott, wenn man sich mit seinem Prinzip – dem des ewigen Wandels – identifiziert. Shiva tanzt im Inneren eines Flammenkreises; im Tanz entfaltet Shiva Energie, die den Rhythmus des Weltgeschehens angibt. Sein Gesicht ist in unwandelbarer Ruhe erhaben über jedes Zeitgeschehen. Der Kobold, auf dem Shiva steht, symbolisiert die menschliche Unwissenheit, die uns das Gleichgewicht und unsere Bewusstheit verlieren lässt.

Aus psychologischer Sicht ist der Mythos von Shiva ein Symbol für den typischen Verlauf jedes Lebensüberganges. Was wir in diesen Zeiten zuerst spüren, ist eine zunehmende Unzufriedenheit mit unserer gegenwärtigen Lebenssituation. Wir fühlen uns nicht mehr lebendig; Empfindungen der Leere, der Dunkelheit werden spürbar. Die Angst vor dem Verlust dessen, was uns vertraut ist, lähmt uns. Persönliche, berufliche oder soziale Veränderungen fordern aber unsere Wandlungsfähigkeit heraus. Das Gefühl, dass das ganze Leben im Umbau ist, macht uns unsicher. Körper und Seele reagieren anfällig auf Störungen, unsere Beziehungen werden schwierig. Was stimmt denn noch mit unseren Vorstellungen vom Leben? Was fehlt, was muss neu entwickelt werden? Es sind schmerzhafte Prozesse, die schwer auszuhalten sind, vor allem deshalb, weil wir das Problem nicht mehr mit den Mitteln lösen können, die wir bisher eingesetzt haben. Wir suchen nach neuen Orientierungen und werden allmählich offener für neue Entwicklungen, die uns in Form von Träumen, Fantasien oder inneren Bildern erscheinen. Erste schöpferische Ideen entstehen, wie etwas verändert werden könnte. Schritt für Schritt tasten wir uns vorwärts im Versuch, das Leben zu packen, es zu gestalten und auch wieder zu genießen. Eine Neuorientierung im Leben beinhaltet ähnliche Entwicklungsstufen wie jeder kreative Prozess: Dem Erkennen, wo das Problem liegt, folgt die schöpferische Auseinandersetzung damit und die Suche nach brauchbaren Lösungsansätzen. Indem wir versuchen, die neuen Erkenntnisse in unserem Leben zu verwirklichen, erwerben wir nach und nach mehr Sicherheit im Umgang mit der neuen Lebensphase; ein neuer Zyklus kann beginnen.

Dieses Geschehen spiegelt sich in der indischen Mythologie: Während der Nacht des Brahma, der kosmischen Periode der Leere, gibt es keine Spur auch nur irgendeines Lebens. Dann erhebt sich Shiva und beginnt zu tanzen. Er sendet Wellen von Aktivität durch den Kosmos und erweckt so die Materie zum Leben. Tanzen ist Bewegung und

Bewegung ist Leben. Der tanzende Gott symbolisiert die schöpferische kosmische Kraft (Purusha), die nötig ist, um Leben aufrechtzuerhalten. Wenn Shiva Nataraja aufhört zu tanzen, dann findet der kosmische Kreislauf des Lebens seinen vorläufigen Abschluss – bis zum Neubeginn.

Die kontinuierliche Erneuerung des Lebens ist mit dem Sterben aufs engste verknüpft. Da wir aber Mühe damit haben, uns von alten Vorstellungen zu lösen, tun wir uns auch schwer damit, zu verstehen und zu akzeptieren, dass Wandel immer wieder nötig ist. Die Erkenntnis, dass wir ein Teil dieses Zyklus des Kosmos sind, kann für unser eigenes Leben befreiend wirken: Die drei Kräfte, die unser menschliches Leben bestimmen und in Gang halten, sind Schöpfung, Erhaltung und Zerstörung. Das Bildnis des Shiva Nataraja ist demnach nicht nur ein mystisches Weltbild, sondern zeigt auch den Weg und das Ziel unserer Entwicklung an: die Suche nach dem Sinn unseres Lebens und die Verwirklichung dessen, was wir dabei erkannt haben, im Hier und Jetzt.

In der Figur des Shiva sind alle polaren Gegensätze vereint und aufgehoben: Schöpfung und Zerstörung, Materie und Geist, männliche und weibliche Eigenschaften, Bewegung und Ruhe, Chaos und Ordnung. Wenn wir den Widerspruch zwischen dem, was sich erhalten will, und dem Leben in uns, das der kontinuierlichen Verwandlung unterworfen ist, besser verstehen, dann sind wir im Einklang mit unserer Natur und dem Kosmos.

Shivas Tanz repräsentiert den Rhythmus, der uns am Leben hält. Er wird auch »Chidambaram« genannt, was »heiliger Raum im Herzen«, bedeutet. In jedem Herzen tanzt Shiva. Er wird so zum Symbol für die innerste unzerstörbare Kraft, das Selbst, das in uns lebenslang für Wandlung, Wachstum und Erneuerung sorgt.

Übung: Der magische Kreis

Als die Teilnehmer meines Kurses »Symbole des Wandels: Das menschliche Leben in der Kunst« darstellen sollten, was sie an der Figur des Shiva Nataraja besonders beeindruckte, malten die meisten den Kreis, der Shivas Tanz umfasst. Der Kreis gilt durch seine Ganzheit und Geschlossenheit seit Menschengedenken als Symbol des Vollkommenen. Experimentieren Sie doch einmal, wie die Gestalt des Kreises beim Gestalten auf Sie wirkt: Malen Sie freihändig einen geschlossenen Kreis, so gut es geht. Wenn Sie lieber mögen, umkreisen Sie mit einem Bleistift einen kleinen runden Teller auf dem Papier, sodass ein Kreis entsteht. Wählen Sie drei verschiedene Farbtöne nach Ihrer Wahl (Malkreide, Farbstift oder Wasserfarben). Malen Sie nun kleine Bilder oder Muster in diesen runden Rahmen, so wie es Ihnen gerade einfällt. Folgen Sie dabei ruhig dem ersten Impuls, den Sie wahrnehmen. Schicken Sie den inneren Kritiker ins Exil! Lassen Sie sich von Ihrer Fantasie leiten und füllen Sie den ganzen Kreis aus. Vielleicht mögen Sie die Bewegungen vom Tanz Shivas nachempfinden und die Farben tanzen lassen? Oder fallen Ihnen bei der Betrachtung des Kreises runde Formen aus der Natur ein, die sie nachmalen wollen, wie z. B. Blüten oder Baumringe? Sie können auch versuchen, gegensätzliche Farben wie Rot und Grün, oder Schwarz und Weiß im Kreis zusammenzufügen. Wichtig ist nur, dass Sie innerhalb der Grenzen des Kreises bleiben.

Wenn Sie Ihren eigenen Kreis vollendet haben, nehmen Sie sich etwas Zeit, um ihn in Ruhe zu betrachten. Was haben Sie beim Malen erlebt? Wie haben Sie die Farben kombiniert? Wo haben Sie angefangen, wo aufgehört? Welche Bewegungen haben sich ergeben? Es gibt auch hier kein Richtig oder Falsch: Wenn für Sie der Kreis selbst die Hauptsache war und Sie ihn spontan mit Farben gefüllt haben, dann haben Sie Kontakt zu ihrem inneren Kind aufgenommen, das im Alter von 2–3 Jahren sein Ich entdeckt, was sich durch das Malen von Kreisen und deren Inhalten zeigt. Mit dem sog. »Ich-Kreis«[84] schafft sich das Kind einen persönlichen Bereich und grenzt sich gleichzeitig von der Außenwelt ab. Möglicherweise hat sich unter Ihren Händen eine Spirale entwickelt – vielleicht in Erinnerung an Hundertwassers Bild *Der große Weg* – damit haben Sie auch einen kindlichen Entwicklungsschritt nacherlebt, der sich in der Bewegung einer Spirale von innen nach außen zeigt. Falls Ihr Kreis eine deutliche Mitte hat, um den herum sich die anderen Formen und Farben ordnen, dann haben Sie den Aufforderungscharakter des Kreises beantwortet, der immer zur Zentrierung einlädt.

Alle diese unterschiedlichen »Ich-Kreise« sind Zeichen Ihres inneren Lebens, die mit der ganzen Kraft Ihrer Kreativität gefüllt sind. Gleichzeitig haben Sie etwas gemalt, das in den östlichen Religionen als

»Mandala«, bezeichnet wird. In der alten indischen Sprache Sanskrit ist Mandala das Wort für »heiliger Kreis«. Kreisbilder werden in vielen Kulturen zur Beruhigung, Sammlung und Konzentration gezeichnet, gemalt oder aus farbigem Sand geformt. Im tibetischen Buddhismus sollen die künstlerisch gestalteten Mandalas Meditation und Selbstbesinnung unterstützen. Mandala-Bilder führen den Blick immer zur Mitte, dadurch wird eine meditative, nach innen gewandte Stimmung erreicht.

C. G. Jung hat entdeckt, dass Mandalabilder auch spontan aus dem Unbewussten auftauchen können, als er ihr Erscheinen in Träumen und in konflikthaften Situationen näher verfolgte. Er sah darin einen Selbstheilungsversuch der Natur, welche durch die strenge Ordnung des Kreisbildes auf einen Mittelpunkt hin die Unordnung und Verwirrung des psychischen Zustandes zu kompensieren sucht.

Jung hat selbst über viele Jahre Mandalas gemalt und war der Überzeugung, dass seine spontanen Mandalas symbolische Ausdrucksformen des Selbst waren, die durch das unbewusste Malen für ihn erkennbar wurden: »Erst als ich die Mandalas zu malen anfing, sah ich, dass alles, alle Wege, die ich ging, und alle Schritte, die ich tat, wieder zu einem Punkt zurückführten, nämlich zur Mitte. Es wurde mir immer deutlicher: das Mandala ist das Zentrum. Es ist der Ausdruck für alle Wege. Es ist der Weg zur Mitte, zur Individuation.«[85]

Das Mandala ist in der Analytischen Psychologie nach C. G. Jung ein zentrales Symbol für das Selbst als Umfang und Mittelpunkt der ganzen Persönlichkeit. Auf der Suche nach dem Selbst zentriert sich der Mensch selber im Malen und verfolgt in schöpferischer Weise seinen Individuationsprozess. Dabei sollten die Mandalaformen spontan aus sich heraus gestaltet werden; die in den letzten Jahren aufgekommenen Mandala-Drucke zum Ausmalen haben nicht dieselbe Wirkung.

Wie der Prozess der zunehmenden Zentrierung einer Persönlichkeit im Bild sichtbar werden kann, können Sie am Beispiel von Bild 4 (farbiger Bildteil) verfolgen: Die einzelnen Teile der Collage formieren sich mit schwungvoller Energie zur Mitte hin zu einem dynamischen Mandala.

Ich bin immer wieder erstaunt und freue mich darüber, wenn sich die Erkenntnisse von C. G. Jung im Rahmen meiner praktischen Arbeit bestätigen:

Regula, die während ihrer Therapie bei mir nur sehr wenige Bilder gemalt hatte, brachte mir in die letzte Stunde ein selbstgemaltes Bild: einen Kreis mit roten, gelben und weißen Ornamenten, die um ein deutliches Zentrum herum angeordnet waren. Als ich ihr Geschenk auspackte, rief ich überrascht aus: »Das ist ja ein Mandala!«, worauf meine Patientin zurückfragte: »Was ist das, ein Mandala?« Sie hatte von der Bedeutung dieses Symbols keine Ahnung, hatte auch in meiner Praxis keine Mandala-Abbildungen gesehen. Das Symbol war dieser Frau von selbst in den Pinsel geflossen, als sie mir zum Abschied eine Freude machen wollte. Das ist ihr tatsächlich gelungen. Im Wissen darum, dass sie genug innere Kräfte entwickelt hatte, um ihren Individuationsweg selbstständig weiterzugehen, konnte ich sie gut gehen lassen.

Teil 4
Kreativität – Der große Weg zur Lebenskunst

1. Die Kunst, schöpferisch zu leben

Bevor der Mensch die Schrift erfunden hat, waren die schöpferischen Gestaltungen der Höhlenmalerei und Felskunst seine hauptsächliche Methode, um Kenntnisse und Botschaften zu vermitteln und im Gedächtnis zu halten. Die Zeugnisse der bildenden Kunst erzählen über alle Zeiten hinweg von der Kultur der Menschen vor uns, von ihren Glaubensformen, Denkweisen, Hoffnungen und Ängsten. Diese Dokumente spiegeln das elementare Bedürfnis des Menschen wider, sich über sein Dasein in der Welt kreativ zu verständigen.

Die symbolischen Darstellungen aus der Menschheitsgeschichte können auch für uns heutige Menschen wertvoll sein. Unsere Psyche wendet sich diesen Bildern zu, wenn die darin enthaltenen Erkenntnisse für ihre Weiterentwicklung wichtig sind.

C. G. Jung erkannte – wie schon im vorigen Kapitel erwähnt –, dass in den individuellen Gestaltungen von kreisförmigen Mandalas innere Bilder zum Ausdruck kommen, die im Menschen entstehen, um sich selbst zu ordnen und ein inneres Gleichgewicht zu finden. Der Kreis ist ein archetypisches Symbol der Ganzheit, des Absoluten und der Vollkommenheit, der schon bei den Naturvölkern kultische Bedeutung hatte. Der Kosmos wird in den großen Weltreligionen als Kreis des göttlichen Wirkens dargestellt. Was sich im Zentrum des Kreises befindet, wird in vielen Kulturen als das magisch Wirksame betrachtet. C. G. Jung sah im Kreis ein Symbol der Seele und des Selbst. Der Impuls, sich der inneren Mitte zuzuwenden, bedeutet daher auch, sich an ein schöpferisches Prinzip anzuschließen, wie es in der Gestalt des Shiva Nataraja symbolisiert wird.

Durch den Kontakt mit dem unendlich reichen Schatz der Menschheitsgeschichte erhalten wir Impulse, die uns dazu anregen, unser eigenes Leben schöpferisch zu gestalten. Um zu veranschaulichen, wie die schöpferische Kraft alles Lebendigen wirkt, möchte ich Ihnen ein Beispiel aus dem aktuellen Zeitgeschehen schildern:

Das Orkantief »Lothar« zog am 26. Dezember 1999 über West- und Mitteleuropa hinweg und richtete schwere Schäden an. Im Wald nahe meiner Wohnung wurden über weite Flächen so viele Bäume umgeworfen, dass ich zunächst Mühe hatte, mich zu orientieren, als ich die Verwüstung zum ersten Mal sah. Meterhohe Bäume lagen kreuz und quer, die Wege waren nicht mehr begehbar. Der Anblick dieser Zerstörung war für mich wie für viele Menschen auch so schmerzhaft, als hätte man mich selbst verletzt. Eine destruktive Kraft hatte hier etwas vernichtet, das eine wichtige Ressource für das ökologische Gleichgewicht darstellt. Zerstört wurde aber auch ein Lebensraum für die Menschen, die den Wald als Erholungsgebiet nutzen.

Fachleute arbeiteten monatelang das Sturmholz auf, ein Teil der Fläche wurde aber nicht geräumt und den Kräften der Natur überlassen. Natürlich fehlten mir die Bäume weiterhin, wenn ich dort spazieren ging. Wie erstaunt war ich aber, als ich im übernächsten Sommer Blumen erblickte, die ich vorher dort noch nie gesehen hatte: Ein Meer von Fingerhut-Pflanzen, die in den Farben Weiß, Rosa und Rot-Violett blühten, war in der entstandenen Lichtung gewachsen – ein prachtvoller Anblick. Der Fingerhut ist in hohen Dosen giftig, die darin enthaltenen Wirkstoffe sind aber in kleinen Mengen schon lange als Heilmittel bei Herzbeschwerden bekannt. Es war, als hätte die Natur uns etwas Tröstliches vermitteln wollen, ein Lebenszeichen, das mich in diesem Moment auch heilsam berührte und mein Vertrauen in die schöpferischen Kräfte der Natur stärkte.

Wenn wir das Prinzip des ewigen Zyklus von Werden, Sein und Vergehen erkennen und verstehen, dann sind wir mit dem schöpferischen Prinzip verbunden, von dem C. G. Jung gesagt hat, dass alles, was es auf der Welt gibt, davon durchdrungen ist. Wenn wir um die Zerstörung, das Vergehen wissen, dann können wir die Gefühle von Trauer und Verzweiflung durchleben und die Angst ertragen, bis die Hoffnung auf neues Leben wieder erwacht. Das Wissen um das Werden hilft uns, gelassener auf neue Entwicklungen zu warten, weil uns bewusst ist, dass alles, was wächst, seine Zeit braucht. Das hilft uns, dankbar für die Zeiten der Erhaltung in unserem Leben zu sein und das Dasein achtsam wahrzunehmen. Schöpferisch sein heißt: dem Wandel und der Veränderung gegenüber offen zu sein. In jedem Menschen wirkt ein sich selbst organisierendes schöpferisches Prinzip. In den Momenten, in denen es uns gelingt, in Kontakt mit dieser Kraftquelle zu kommen, erfahren wir uns als wirklich lebendig, was uns mit Tatkraft und Freude unsere Aufgaben anpacken lässt. Die Energie des Schöpferischen ist eine wichtige Ressource für unseren Lebensweg.

Angst und Stress sind die schlimmsten Feinde der kreativen Einstellung. Der Körper reagiert angespannt, der Blutdruck steigt, wir schwitzen – innere Bilder von Bedrohung und Enge tauchen auf. Weil wir uns unsicher fühlen, klammern wir uns an das Bekannte in unserem Leben, die Vorstellungskraft schrumpft; unser Denken läuft in alten, vorgefertigten Bahnen. In diesem Zustand gelingt es nicht, neue und kreative Lösungen zu finden, dazu muss zuerst der Druck verringert werden. Lockerung durch körperliche Bewegung und ein »Not-Stop«, eine Pause oder ein Innehalten in Stresssituationen, helfen uns, Zeit und Raum für uns selbst zu finden und den Boden für kreatives Wachstum wieder fruchtbar zu machen. Je nach Grad der Erschöpfung müssen Menschen dazu manchmal professionelle Hilfe in Anspruch nehmen, um wieder zu Kräften zu kommen und zu lernen, ihr kreatives Potenzial besser zu nutzen.

Die transformierende und heilsame Kraft des Schöpferischen ist sowohl in der Außenwelt als auch in unserer menschlichen Innenwelt wirksam. Durch die Liebe zur schöpferischen Kraft der Kunst können wichtige Ressourcen zur Bewältigung von traumatischen Lebenserfahrungen zugänglich werden, wie die Beispiele von Jan Krugier und Werner Merzbacher zeigen. Beide Kunstsammler verloren ihre Angehörigen in den Konzentrationslagern des Nationalsozialismus und kamen zunächst als jüdische Kinder im Rahmen von Hilfsprojekten in die Schweiz.

Jan Krugier studierte bei Johannes Itten, wo er wegen seiner großen zeichnerischen Begabung bald zum Meisterschüler ernannt wurde. Er machte dann aber Kunst zu seinem Beruf und betreibt eine weltweit führende Galerie in Genf. Zusammen mit seiner Frau hat er eine eindrückliche Privat-Sammlung mit Kunstwerken aufgebaut, die eines gemeinsam haben: Sie zeigen die Licht- und Schattenseiten des menschlichen Daseins. Kunst sei für ihn eine Möglichkeit, sich mit den Abgründen der Menschheit zu versöhnen, ein Weg, um mit seinen Erinnerungen zu leben, sagt Krugier in einem Interview. Er wisse, dass Grausamkeit in der Geschichte der Menschheit eine Tatsache sei. Umgekehrt berge die Kunst aber auch die rettende Kraft des Schöpferischen.[86]

Werner Merzbacher wanderte nach seiner Ausbildung zum Kaufmann in die Vereinigten Staaten aus und wurde durch die Kunstsammlung des Großvaters seiner Frau inspiriert, selber Kunst zu sammeln. Nach seiner Rückkehr in die Schweiz nahm das Sammeln neben der Leitung seines eigenen Betriebes mehr und mehr eine zentrale Rolle in seinem Leben ein. Die Sammlung des Ehepaares Merzbacher-Mayer wird zu den besten Privatsammlungen moderner Kunst gezählt. »Die besten Sammlungen kommen von innen«, betont Werner Merzbacher und führt aus, seine Kenntnisse der Kunst seien für den Aufbau seiner Sammlung zwar wegleitend gewesen, »lieben tun wir jedoch nur jene Richtungen, die unserem eigenen Charakter entsprechen und welche unsere Gefühle ausdrücken.«[87]

Beide Männer haben aus sich heraus und dank einem Umfeld, in dem ein Weiterleben möglich war, Wege gefunden, durch die Kraft des Schöpferischen ein Gegengewicht zu den destruktiven Kräften ihrer Jugendzeit zu schaffen. Kunst hat für sie mit dem Weitertragen von schöpferischen Werten zu tun: Die gesammelten Bilder und Skulpturen stellen beide Sammlerpaare großzügig zu Ausstellungszwecken zur Verfügung. Auf diese Weise erhalten auch wir Gelegenheit, durch die Betrachtung der von ihnen gesammelten Meisterwerke unsere eigene Kreativität zu stimulieren.

Der schöpferische Weg ist für jeden Menschen individuell verschieden. Viele Menschen wünschen sich, kreativer zu sein. Andere spüren, dass sie kreativ sind, wissen aber nicht, wie sie ihre Kreativität entfalten können. Obwohl wir uns nach einem Leben sehnen, in dem es möglich ist, unsere Wünsche und Ideen zu verwirklichen, scheint der Weg zur Lebenskunst manchmal zu weit zu sein. Unser Leben ist ständigen Veränderungen ausgesetzt, Umbruchphasen und notwendige Neuorientierungen müssen bewältigt werden. Viele unterschiedliche Aufgaben im Privatleben und im Beruf, die Erfüllung unserer eigenen Ansprüche und die Anpassung an andere fordern unsere ganze Aufmerksamkeit. Da stellt sich die Frage: Wie soll man das alles auf einen Nenner bringen?

Schöpferische Pause
Nehmen Sie sich jetzt einen Augenblick Zeit zum Innehalten. Was hätten Sie in Ihrem Leben schon immer gerne gemacht und haben es bis heute nicht probiert? Welche Sehnsucht taucht in Ihnen auf, wenn Sie über Ihren bisherigen Lebensweg nachdenken? Formulieren Sie Ihre Wünsche schriftlich oder gestalten Sie ein Bild davon. Das stärkt Ihr Vertrauen in die eigenen Kräfte, mit denen Sie sich auf die Suche nach einem erfüllten Leben begeben können. Wenn Ihnen spontan nichts einfällt, nehmen Sie diese Fragen in Ihren Alltag mit. Nehmen Sie aufmerksam wahr, wo Sie von einem Thema besonders ergriffen oder betroffen werden. Achten Sie auf Reaktionen Ihres Körpers, wenn Sie etwas Interessantes sehen oder hören. Es ist schon ein erster Schritt, wenn Sie sich auf den Weg machen, Ihre eigenen Antworten auf diese Frage zu finden.

Auf meine Frage nach den unerfüllten Wünschen sagen Menschen oft: »Ich weiß es nicht.« Beim weiteren Gespräch über das Thema kommt dann aber oft doch etwas zum Vorschein, das schon lange als Wunsch besteht: Mona, über deren Heilungsprozess durch Malen ich in diesem Buch schon berichtet habe, fand heraus, dass sie liebend gerne Marionetten für das Puppentheater herstellen würde. In der Zwischenzeit gestaltet sie mit großem Einsatz ansprechende Figuren – eine enorme Arbeit, die sie aber beflügelt und erfreut.

Die Bilder, die wir malen, und die Kunstwerke, die wir sehen, bringen uns in Kontakt mit unseren inneren Bildern und den Emotionen, die in ihnen enthalten sind. Der Dialog mit dem Persönlichkeitsanteil in uns, den ich als inneren Künstler oder innere Künstlerin bezeichnet habe, ist ein kreativer Prozess. Auf diese Weise können wir uns »ins Bild« setzen über die Botschaften unserer Seele, können uns bewusst machen, wo wir neue Anpassungen an die Anforderungen unseres Lebens vornehmen müssen. Der innere Prozess der Selbsterkenntnis muss durch schöpferische Umsetzung ins Leben hinein verwirklicht werden. Wir entwickeln eine schöpferische Haltung, die uns hilft, kreative Impulse zur Lebensbewältigung zu nutzen und unser Leben als Kunstwerk zu betrachten. Dabei geht es keinesfalls darum, das ganze Leben zur Kunst zu machen, sondern es geht um künstlerisches Handeln innerhalb unseres Lebens. Das Werk, an dem wir mit künstlerischen Mitteln arbeiten, ist unsere eigene Biografie. Je mehr sich eine Person entwickelt, desto kreativer kann sie sein. Lebenskunst ist ein wichtiger Aspekt der Individuation.

Die Belebung der künstlerischen Kreativität hat Auswirkungen auf die praktische Kreativität. Selbstverwirklichung ist eine alltägliche Aufgabe. Der größte Feind der Kreativität ist der Alltagstrott. Deshalb ist es wichtig, auch im Alltag eine kreative Haltung einzunehmen: den Duft des Kaffees am Morgen zu genießen, den strahlend blauen Himmel zu bewundern, die ersten roten Tulpen im Frühling zu entdecken, ein ästhetisch gestaltetes Schaufenster oder eine Skulptur im Park auf sich wirken zu lassen – all das kann Gefühle und Gedanken hervorrufen, die uns bewusster die Freuden des Alltags wahrnehmen lassen. Schätzen wir diese kreativen Momente nicht zu gering ein! Wenn wir sie bewusst wahrnehmen, erleben wir die Welt mit allen Sinnen. Dieser Prozess führt zu neuen Lösungen für die Probleme des Alltags und steigert die Lebensfreude. Mangel an Kreativität ist oft ein Mangel an Freude und umgekehrt: Was wir gerne tun, lockt Kreativität hervor.

Um herauszufinden, was uns Freude machen könnte, ist ein weiterer wichtiger Faktor für Kreativität von Bedeutung: Zeit. Wir müssen Zeit reservieren, um uns mit dem inneren Künstler, der inneren Künstlerin zu treffen; es geht um Momente des kurzen Innehaltens in den vielfältigen Verpflichtungen unseres Alltags. Was dabei schöpferisch wirkt, ist der Vorgang der inneren Sammlung. Aus meiner eigenen Erfahrung ist es am besten, eine gewisse Zeit dafür fest einzuplanen – auch wenn es nur eine Viertelstunde pro Tag ist. Tragen Sie diesen Termin in Ihren Kalender ein, indem Sie den Anfangsbuchstaben Ihres Namens dort einschreiben und farbig markieren. Damit verpflichten Sie sich, die Verabredung mit Ihrem inneren Künstler oder der Künstlerin einzuhalten. Sie können diese Zeit produktiv nutzen, indem Sie etwas gestalten, z. B. malen, modellieren, schreiben oder Musik machen. Vielleicht haben Sie Lust, über eine der schöpferischen Pausen in diesem Buch nachzudenken, oder Sie wählen eine der Übungen aus, die Ihrem Zeitrahmen entspricht. Sie können die Entwicklung Ihrer eigenen Kreativität aber auch unterstützen, indem Sie sich durch das schöpferische Schaffen anderer Menschen anregen lassen. Besuchen Sie Ausstellungen in Museen oder Galerien und sehen Sie sich Bilder,

Gemälde und Skulpturen an. Nutzen Sie die vielfältigen Angebote der Kunstvermittlung, welche von den Museen angeboten werden. Stöbern Sie in Buchhandlungen oder Bibliotheken, um in Kunstbänden den Reichtum der Bilderwelt zu entdecken. Legen Sie eine Mappe mit Bildern oder Kunstpostkarten an, die Ihnen besonders gut gefallen. Hören Sie in Ruhe ein Musikstück, in dem Stimmungen ausgedrückt sind, und lassen Sie diese in Ihrer inneren Vorstellungswelt Gestalt annehmen. Lesen Sie Texte, Geschichten oder Gedichte, die Ihnen gefallen, und stellen Sie sich die dazu entstehenden Bilder vor. Besuchen Sie Konzerte, den Zirkus, das Theater oder das Kino. Vielleicht braucht Ihre innere Künstlerin oder Ihr innerer Künstler hie und da auch Zeit dafür, sich zurückzuziehen, spazieren zu gehen oder einfach nichts zu tun. Was immer Sie für die Begegnung mit den inneren Künstlerfiguren wählen: Ihre Fantasie wird stimuliert und Ihre innere Vorstellungsfähigkeit, die Imagination, wird geschult. Es entsteht ein Raum, in dem Sie entdecken können, welche schöpferischen Kräfte in Ihnen schlummern, die nur darauf warten, neu oder wieder entdeckt, genutzt und gefördert zu werden. Machen Sie aus dem Treffen mit Ihrem inneren Künstler ein Ritual, auf das Sie sich regelmäßig einstimmen.

Fernsehbilder erfüllen diesen Zweck nicht, es sei denn, man sieht sich ganz bewusst eine bestimmte Sendung an und schaltet danach wieder ab. Das beugt dem Trance-Effekt vor, von dem ich im Kapitel 3 (»Der kreative Prozess«) in Teil 1 dieses Buches gesprochen habe. Die schnell vorbeirauschenden Bilder können von unserem Gehirn zu wenig aufgenommen und kreativ verarbeitet werden. Aus psychologischer Sicht besteht der gefährliche Reiz des Fernsehens darin, dass es uns ein Gefühl vermittelt, wonach wir uns in unserem Inneren am meisten sehnen: ein neues, kreatives und aktives Leben zu führen. Das passive Zusehen bereichert unser Leben aber nicht, sondern macht uns träge, lähmt unsere kreativen Fähigkeiten. Menschen, die zu viel fernsehen, klagen über Müdigkeit und Konzentrationsstörungen und erinnern sich oft nur noch wenig daran, was sie gesehen haben. Natürlich gibt es auch anregende Sendungen oder Filme im Fernsehen, die uns bereichern können, wenn wir sie bewusst auswählen und ansehen. Es kann von Vorteil sein, die Sendungen zunächst mit dem Video- oder DVD-Gerät aufzunehmen, damit man sie sich gezielt beim Treffen mit der inneren Künstlerin, dem inneren Künstler ansehen kann. Auf diese

Weise bleiben wir die Regisseure unserer eigenen kreativen Entwicklung.

Es gibt eine Vielzahl von Möglichkeiten, die dazu beitragen, uns in der Kunst des schöpferischen Lebens zu schulen. Wesentlich ist, dass wir offen sind für unsere Inspiration, das heißt, dass wir unsere Ideen, Einsichten, Gedanken und Emotionen aus dem Unbewussten wahrnehmen und willkommen heißen. Durch den Kontakt mit unserer Seele sind wir im Kontakt mit unseren Ressourcen. Wir fühlen uns belebt und spüren mehr Energien, die uns helfen, unser Alltagsleben bewusst zu gestalten, Möglichkeiten zu realisieren und auch schwierigere Probleme des Lebens zu meistern.

2. Durch bildnerisches Gestalten sich selbst gestalten

Ein Strom von Bildern fließt in uns allen, sagt Paul Klee, und veranschaulicht mit diesem symbolischen Bild das schöpferische Prinzip, das auch in uns wirksam ist. Es ist der Lebensstrom, der uns trägt, der uns manchmal mitreißt und der uns ein anderes Mal durch festgefahrene Gewohnheiten blockiert erscheint. Wenn wir versuchen, gegen den Lebensstrom zu schwimmen, so kostet das viel Energie. Im ständigen Tun geht manchmal das Wissen verloren, dass wir uns von Zeit zu Zeit ans Ufer setzen könnten, um den Lauf des Lebensflusses zu betrachten und wahrzunehmen, welche Bilder er mit sich bringt.

Mit »Flow«, dem englischen Wort für »fließen, strömen«, bezeichnete der amerikanische Psychologe Mihaly Csikszentmihalyi[88] das freudig-zufriedene Gefühl, das man erleben kann, wenn man ganz in einer Tätigkeit aufgeht. Bei diesem Bewusstseinszustand, den wir z. B. beim Tanzen, beim Spielen, bei Sportarten wie z. B. Segeln erleben, vergessen wir uns selbst und die Welt um uns herum. Wir sind mit unserer ganzen Aufmerksamkeit so sehr bei dem, was wir tun, dass Sorgen oder Grübeln über die schwierigen Dinge unseres Lebens für einen Moment in den Hintergrund treten. Dieses Erlebnis – dass alles fließt, dass alles locker geht, dass die Zeit verfliegt – können wir auch beim Malen erleben. Beim intuitiven Malen und beim Malen aus dem Unbewussten sind wir im Kontakt mit dem Strom schöpferischer innerer Bilder in uns, arbeiten wir direkt am Kunstwerk unseres Lebens.

Was wir malen, hat immer mit uns selbst zu tun. Was sich im Bild ereignet, das ereignet sich auch in uns selbst. Besonders dort, wo die Seele durch innere Blockaden gehindert ist, den Lebensstrom frei fließen zu lassen, wirkt das Malen lösend und hilft zurück in den eigentlichen Lebensfluss. C. G. Jung hat einmal mit den Worten »In creation you are created«[89] treffend ausgedrückt, dass wir im schöpferischen Prozess des Gestaltens immer auch uns selbst gestalten. Dieser Satz gehört zu meinen Lieblingszitaten von Jung, denn er enthält in prägnanter Form, dass wir durch das schöpferische Gestalten nicht nur aktiv unsere bewusste Ich-Persönlichkeit entwickeln, sondern dass unsere ganze Persönlichkeit durch die regulierende Dynamik des Selbst, unseres inneren Zentrums, geformt und gestaltet wird. Die entstandenen Bilder weisen oft über das Persönliche hinaus, weil sie einer schöpferischen Energie entspringen, die auf Entwicklung und Vervollständigung ausgerichtet ist. Im kreativen Malprozess werden Kräfte der Bewusstwerdung freigesetzt; durch die gemalten Bilder wird klarer, wer wir eigentlich sein könnten. Das gestaltete Bild macht zum einen den seelischen Prozess sichtbar und wirkt zum anderen wieder auf ihn zurück.

Das heißt nun aber keineswegs, dass wir beim Malen ständig denken sollten: »Jetzt gestalte ich mich gerade selbst!« Im Gegenteil: Während wir malen, ist es wohltuend, wenn wir uns erlauben, einfach zu sein. Wir sind »im Fluss«, im Kontakt mit dem Wasser des Lebens. Im Prozess der Gestaltung werden wir ja gleichzeitig von einer Kraft gestaltet, die größer ist als wir selbst, eine Dimension, die wir je nach unserer Überzeugung göttlich nennen oder als spirituell wirkende Naturkraft bezeichnen können. Daher ist es wichtig, uns von der schöpferischen Kraft in uns führen zu lassen und mit Spontaneität und Hingebung zu malen, was in diesem Moment von unseren Emotionen zum Ausdruck kommen will. Es geht nicht darum, die Gefühle genau darzustellen, sondern vielmehr darum, zu fühlen und zu malen. Das bedeutet, beim Malen im kontinuierlichen Dialog mit sich selbst zu sein, durch das Gestalten zu erleben, wer wir sind und durch die Betrachtung der Bilder neue Erkenntnisse zu gewinnen. Dadurch werden wir mit der Zeit eigenständiger und freier im schöpferischen Gestalten. Auf dem Weg der Individuation, der Selbstwerdung, gewinnen wir an Sicherheit und übernehmen Verantwortung für die Gestaltung unseres Lebens. Damit ist aber nicht gemeint, dass wir ausschließlich um uns selbst kreisen sollten. Die lebendige Beziehung zu allem, was wir sind, ist eine wichtige Voraussetzung dafür, auch zu unseren Mitmenschen gute Beziehungen zu haben. Durch das Malen gestalten wir also nicht nur uns selbst, sondern im weiteren Sinne auch den Kontakt zu unserer Umgebung.

Die Erfahrungen beim Malen bewirken, dass wir unseren inneren Bilderfluss immer besser wahrnehmen. Wir lernen unsere Vorstellungskraft und die imaginativen Fähigkeiten, die den Malvorgang begleiten, kennen. Ich suche z. B. ein bestimmtes Gelb, weil ich mir vorstelle, dass es zum Blau des Himmels am besten passt. Ich rufe mir die Landschaft aus einem Traum nochmals in Erinnerung. Oder ich spüre, wo im Bild noch etwas fehlt, und lasse verschiedene Möglichkeiten in mir aufsteigen, wie das vollständige Bild aussehen könnte.

Die Fähigkeit, sich etwas bildhaft anschaulich zu machen, sich etwas vorzustellen, bezeichnet man als Imagination. Imagination hilft uns, neue Ideen zu erschaffen und zu realisieren. Wir sind fähig, uns Situationen vorzustellen, die bereits vorbei sind oder Bilder von zukünftigen Ereignissen zu entwerfen. Erinnerungsbilder, Wunschbilder oder Beziehungsbilder können als Visionen dazu beitragen, uns weiterzuentwickeln, sie können uns aber auch als starre Idealbilder von der Wahrnehmung der Realität abhalten. Imaginationen als innere Bilder, Fantasien und Vorstellungen begleiten uns im Lebensalltag; die Wahrnehmung der äußeren Realität wird durch unsere inneren Bilder geformt. Haben Sie bei der Schilderung des Lebensstroms (S. 148) einen bestimmten Fluss vor Augen gehabt? Ist Ihnen eingefallen, wie Sie einmal mit einem Schiff auf einem Fluss unterwegs waren? Oder haben Sie sich daran erinnert, wie Sie als Kind in einem kleinen Fluss baden durften? Dann haben Sie schon achtsam wahrgenommen, wie die inneren Bilder uns mit unseren Emotionen verbinden und bestimmte Bilder uns auch Ruhe oder Entspannung vermitteln können. Die Fähigkeit zur Imagination ist eine natürliche Begabung des Menschen, die durch Übung verbessert und erweitert werden kann. Die Bilder, die wir im entspannten Zustand in uns aufsteigen lassen können, bringen uns in Kontakt mit den Ressourcen in unserem Unbewussten.

Diese Wirkung der Imagination wird in vielen Kulturen schon lange zur religiösen Vertiefung und zur Heilung von Kranken eingesetzt. C. G. Jung hat auf die Möglichkeit, Imaginationen in die Psychotherapie einzubeziehen, bereits sehr früh hingewiesen. Seitdem hat sich die Imagination zu einer Methode entwickelt, die in vielen Therapierichtungen zur Behandlung von psychischen Störungen und körperlichen Krankheiten angewendet wird. Die Wirksamkeit von Imaginationen zeigt sich besonders eindrücklich bei Menschen, die an den Folgen von traumatischen Erlebnissen leiden; ihre Schreckensbilder sollen durch positive Gegenbilder beeinflusst und verändert werden. Vielfach bewiesen ist auch, wie an Krebs erkrankte Menschen durch bestimmte Visualisierungstechniken aktiv an ihrer Heilung mitwirken können. Bei Burnout-Krisen oder Depressionen hilft das Vorstellen innerer Hilfsquellen den Erkrankten, mit der eigenen Kreativität in Kontakt zu kommen und wieder einen Sinn in ihrem Dasein zu sehen. Dies sind nur einige Beispiele für die Möglichkeiten, wie mit Hilfe der menschlichen Vorstellungskraft an der Wiederherstellung der geistigen, seelischen und körperlichen Gesundheit gearbeitet werden kann. Ich möchte aber an dieser Stelle ausdrücklich darauf hinweisen, dass solche Formen der Imagination in die Hände von erfahrenen, speziell dafür ausgebildeten Therapeutinnen und Therapeuten gehören. Sie beziehen die passende Imagination entsprechend der jeweiligen Diagnose in ihre Behandlung ein und begleiten die Patientinnen und Patienten bei ihrer Bilderreise, um eingreifen zu können, wenn es nötig ist. Die Arbeit an den inneren Bildern und den damit verbundenen Gefühlen trägt dazu bei, die Ressourcen der Patienten zu aktivieren und ihre blockierten Selbstheilungskräfte wieder zum Fließen zu bringen.

In der therapeutisch geführten Imagination werden häufig Motive aus der Natur als Ausgangspunkt angeboten. Ebenso tauchen in spontan auftretenden Imaginationen Bilder aus der Natur auf. Wir selbst sind Teil der Natur und verbinden viele Naturerscheinungen mit unserer eigenen Befindlichkeit: Für Verliebte ist z. B. eine spezielle Bank an einem See Symbol für ihre Beziehung, und Menschen, die Schweres erlebt haben, finden oft Trost und Heilung in der Natur. Ich lade Sie deshalb ein, Ihr Vorstellungsvermögen zu trainieren und durch einen Besuch in Ihrem Seelengarten mit Ihrem inneren Bilderreichtum in Kontakt zu treten. Ich habe dazu zwei Versionen der Imagination zum inneren Garten, wie sie Luise Reddemann[90] empfiehlt, entsprechend dem Thema dieses Buches abgeändert und neu gestaltet. Mit einem Garten, einem Park, einer Grünfläche sind die meisten Menschen schon in Kontakt gekommen – das wird Ihnen die Vorstellung erleichtern.

Übung zur Achtsamkeit

Es ist sinnvoll, jede Imagination mit einer kleinen Achtsamkeitsübung zu beginnen. Ziel ist es zunächst, bei sich selbst anzukommen. Sorgen Sie dafür, dass Sie für eine Weile ungestört sind. Finden Sie eine angenehme Körperhaltung, indem Sie sich z. B. ein Kissen in den Rücken legen oder die Beine hochlagern, sodass Sie sich wohlfühlen. Schließen Sie die Augen. Spannen Sie jetzt kurz alle Muskeln Ihres Körpers an und entspannen Sie sie danach wieder. Nehmen Sie wahr, dass Sie atmen, und spüren Sie die Bewegungen, die Ihr Körper beim Atmen macht. Atmen Sie ruhig und gleichmäßig, ohne zu meinen, dass Sie sich anstrengen oder es besonders gut machen müssen. Wenn Sie für ein paar Augenblicke beobachten, wie Ihr Atem fließt, wie sich Ihr Brustkorb oder Ihr Bauch hebt und senkt, ist das ausreichend. Das hilft, Ihre Aufmerksamkeit auf Ihre inneren Bilder zu lenken.

Wenn Sie die folgende Anleitung zur Imaginationsübung gelesen haben, schließen Sie die Augen und stellen Sie sich vor, wie Ihr innerer Garten aussieht. Vielleicht haben Sie schon eine gewisse Übung und sehen schon beim Lesen einzelne Bilder vor sich. Sie können sich aber auch beim Lesen eine Geschichte ausdenken, in der Sie sich erzählen, wie Ihr Garten aussehen könnte.

Imaginationsübung: Besuch im inneren Garten

Stellen Sie sich eine Landschaft vor, in der Sie spazieren gehen. Das kann eine Landschaft sein, die Sie kennen, es kann aber auch eine Fantasielandschaft sein, in der Sie sich gerne aufhalten. Plötzlich entdecken Sie einen wunderschönen Garten, von dem Sie sich sehr angezogen fühlen.

Als Sie näher kommen, bemerken Sie im Zaun oder in der Hecke, die den Garten umgibt, eine offene Gartentür. Sie gehen hinein und sehen den schönsten Garten, den Sie sich vorstellen können. Eine Fülle von Pflanzen, Bäumen und Sträuchern wächst in einer harmonischen Anordnung. Erfreuen Sie sich an der Farbenpracht der Blumen, ihrer Schönheit und ihrem angenehmen Duft. Manche von ihnen haben erst Knospen angesetzt, andere sind vielleicht schon verblüht und könnten geschnitten werden. Genießen Sie das beruhigende Grün der Wiese. Wenn Sie Lust haben, laufen Sie barfuß über das weiche Gras. Nehmen Sie sich Zeit, diesen Garten in Ruhe zu erkunden. Falls irgendwo Unkraut zu üppig wuchert, dann können Sie es ausreißen und etwas Neues anpflanzen. Halten Sie Ausschau nach einem Platz, wo Sie für einen Moment bleiben wollen, und lassen Sie die gute Atmosphäre dieses Ortes auf sich wirken. Wie geht es Ihrem Körper? Vielleicht spüren Sie die wärmenden Strahlen der Sonne, hören das sanfte Rauschen der Blätter.

Lassen Sie die Ruhe und Geborgenheit des Gartens auf sich wirken. Bevor Sie Ihren Garten wieder verlassen, halten Sie einen Moment inne und wählen Sie eine Blume, die Sie mitnehmen wollen. Sie können jederzeit in Ihren inneren Garten zurückkehren. Gehen Sie jetzt zurück zu dem Gartentor, durch das Sie gekommen sind, und kommen Sie mit Ihrer Aufmerksamkeit langsam zurück in die Gegenwart.

Wie fühlen Sie sich nach diesem Ausflug in Ihre blühende Fantasie? Die Fähigkeit, Ihre Fantasie einzusetzen, kann Ihnen in vielen Situationen nützlich sein. Die Wirksamkeit dieser Übung liegt darin begründet, dass Sie einen Ort ganz für sich selbst schaffen können, der Ihren Wünschen entspricht. Diese kleine Meditation können Sie immer wieder durchführen, wenn Sie sich eine Viertelstunde Zeit nehmen. Je öfter Sie sie üben, desto rascher und leichter wird sie Ihnen gelingen. Mit Hilfe der Vorstellungskraft wird es möglich, einen Zufluchtsort zu erschaffen, an dem wir neue Kräfte schöpfen können. Dabei kann uns besonders die Natur Kreativität lehren. Deshalb ist auch der äußere und der innere Garten ein geeignetes Symbol für unsere Individuation. Was wir in der Natur erleben, ist auch Ausdruck von uns selbst.

Einen Garten anzulegen macht Arbeit, aber auch Freude. Ob Nutzgarten, Hausgarten, Vorgarten, Ziergarten, Innenhof oder Gemüsegarten – jede Form der Gartengestaltung hat ihren eigenen Charakter und ihre Vorzüge. Wie auch immer man einen Garten gestaltet, man wird nie fertig. Die Pflege eines Gartens ist eine Lebensaufgabe und ähnelt der Individuation – auch sie ist ein lebenslanger Prozess.

Die Arbeit an unserem inneren Wachstum braucht Zeit und Geduld. Manches gelingt nicht so, wie wir das beim Pflanzen geplant haben. Was wir gesät haben, geht nicht auf. Einiges nimmt mit der Zeit zu viel Raum ein, lässt für anderes keinen Platz mehr. Plötzliche Kälteeinbrüche vernichten fruchtbare Sorten, und Schädlinge fressen die mit Mühe gestalteten Beete radikal leer. Nach dem Regen erwecken erste Sonnenstrahlen den Garten zum Leben. Die Sträucher strahlen in sattem Grün, die Sommerblumen blühen in den prächtigsten Farben und es gibt eine reiche Ernte von Früchten im Garten. Das Prinzip des Wandels ist in der Natur und in uns selbst am Werk; um damit umzugehen, benötigen wir Kreativität. Individuation ist ein natürlicher Wachstumsprozess, bei dem wir mehr und mehr mit uns und unserem eigenen Potenzial vertraut werden.

Ein Bild zu malen ist so ähnlich, wie einen Garten zu gestalten. Auch die flüchtigen Bilder der Imagination durch bildnerisches Gestalten zu verdeutlichen und zu vertiefen.

Malübung zum inneren Garten
Bereiten Sie sich wieder mit einer kleinen Achtsamkeitsübung auf das Malen vor. Nehmen Sie als Malimpuls auf, was Sie bei der Imagination vom inneren Garten am stärksten beeindruckt oder berührt hat. Es ist nicht wichtig, genau das zu malen, was Sie sich bei der Imagination vorgestellt haben. Lassen Sie sich von der Kraft leiten, die aus Ihrer inneren Erfahrung wirkt. Sie können einzelne Bereiche des Gartens wählen oder die Blüte, die Sie mitgenommen haben. Oder die Fülle der Farben ungeformt auf Ihr Blatt fließen lassen. Geben Sie spontan den Gefühlen Raum, die in Ihnen auftauchen. Auch hier begegnen wir unseren Möglichkeiten und Grenzen. Neue Ordnungen können ausprobiert, neue Beziehungen können hergestellt werden. Im Bild fließen sowohl Bewusstes als auch Unbewusstes zusammen. Dadurch können uns neue Einsichten bewusst werden, die uns den Weg zur Selbstverwirklichung weisen.

Spüren Sie nach, wann Ihr Bild fertig ist. Es ist energetisch gesehen wichtig, den kreativen Prozess richtig abzuschließen. Betrachten Sie Ihr Bild, freuen Sie sich daran und erholen Sie sich wie die Gärtnerin, der Gärtner nach getaner Gartenarbeit.

Was wir kreativ gestalten, macht aus unserem wirklichen Leben ein Kunstwerk. Das Wort von der Lebenskunst wird anschaulich, wenn wir uns vorstellen, dass wir unsere gestalterischen Fähigkeiten auf das Material des Lebens anwenden. Wir sind Künstlerinnen und Künstler: unser Leben ist die Leinwand. Wie beim Malen oder Gestalten eines Bildes hängt es von unseren schöpferischen Impulsen ab, welche Formen und Farben im Bild unseres Lebens erscheinen. Dabei finden unsere Erfahrungen, Ideen, Gefühle, Leidenschaften, Beziehungen, Träume, Ängste und vieles mehr auf der Leinwand ihren Ausdruck. Wie beim intuitiven Malen und dem Malen aus dem Unbewussten entwickelt sich die künstlerische Arbeit im Tun, im Leben selbst.

Wir setzen unsere schöpferischen Kräfte ein, um Verbindungen zwischen Vordergrund und Hintergrund herzustellen oder Licht und Schatten einzufügen, die unserem Lebensgemälde Tiefe verleihen. Die ganze Farbpalette zwischen Altbewährtem und Neuem, Vergangenheit und Zukunft, Schmerz und Lust, Leben und Tod und den verschiedenen Perspektiven in unserem Leben will auf der Bildfläche vereint und miteinander kombiniert werden. Das Material, das wir zur Verfügung haben, ist das Leben selbst. In jeder und jedem von uns steckt das Kunstwerk, das darauf wartet, von uns geschaffen zu werden. An der Gestaltung dieses Kunstwerks arbeiten wir lebenslang; das gestalterische Können wächst mit der zunehmenden Lebenserfahrung. Gleichzeitig erleben wir diese Selbstgestaltung auch als offenen Prozess, der sich immer noch weiterentwickelt.

3. »... dem Quell entgegengehen, so weit es eben geht.« (Paul Klee)

Wie ist die Kraft beschaffen, die hinter der Fähigkeit steckt, schöpferisch zu sein, kreativ zu denken und zu handeln? Diese Frage hat Dichter, Philosophen und Künstlerinnen immer wieder beschäftigt. Paul Klee, der sowohl für Musik, Literatur als auch für die bildende Kunst begabt war und sich nach langem Schwanken schließlich für die Malerei entschied, schildert seine Überzeugung auf eindrückliche Weise: »Die Kraft des Schöpferischen kann nicht genannt werden. Sie bleibt letzten Endes geheimnisvoll. Doch ist es kein Geheimnis, was uns nicht grundlegend erschütterte. Wir sind selbst geladen von dieser Kraft bis in unsere feinsten Teile. Wir können ihr Wesen nicht aussprechen, aber wir können dem Quell entgegengehen, so weit es eben geht.«[91] Wenn ein großer Künstler wie Paul Klee das sagt, dann drückt sich darin seine Behutsamkeit aus, aber auch sein Ringen um Erkenntnis. Und es zeugt von der Einsicht, dass das Schöpferische einem nicht einfach zufällt, sondern dass der Weg zur Quelle des Schöpferischen mit Achtsamkeit, Demut und Ausdauer gegangen werden muss. Paul Klee verkörperte bis zum Ende seines Lebens glaubwürdig, was er mit den obigen Worten ausgedrückt hat: Trotz seiner schweren Hauterkrankung, die seine Beweglichkeit zunehmend einschränkte, schuf er von 1930 bis zu seinem Tod 1940 ein enormes künstlerisches Werk, bei dem er seinen Stil kontinuierlich weiterentwickelte. Wenn man die Bilder aus dieser Zeit betrachtet, so gewinnt man den Eindruck, dass er an der Quelle angekommen war und von dort seinen unermesslichen kreativen Reichtum schöpfte.

Paul Klee ist ein Beispiel dafür, wie Kreativität eine Ressource sein kann, auch bei schwerer Belastung ein befriedigendes und sogar schöpferisches Leben führen zu können. Als sog. »entarteter Künstler« wurde ihm in der Zeit des Nationalsozialismus nicht nur ein Mal- und Ausstellungsverbot auferlegt, sondern auch seine Lehrerlaubnis in Deutschland entzogen; er war zur Emigration gezwungen und bald darauf von einer Krankheit zunehmend in seiner Lebensgestaltung behindert. Umso intensiver vertiefte sich Paul Klee in seine künstlerische Tätigkeit; dass er einiges auf diese Weise auch verarbeiten konnte, zeigt sich in der Art und Weise, wie er in seinen Bildern auf die äußeren Ereignisse Bezug nimmt.

Titel wie »Abgerissen«, »Erzwungener Ausweg« oder »Dieser Stern lehrt beugen« zeugen von seinen Reflexionen nicht nur über das eigene Leben, sondern auch darüber, wie sein Leben mit einer größeren Dimension des menschlichen Daseins verbunden ist. In den Tagebüchern und Briefen aus diesen letzten Lebensjahren finden sich Gefühle der Selbstermutigung, Trauer, Hoffnung und vielfach ein feiner Humor, was beweist, dass durch Kreativität die seelischen Kräfte gefördert werden, die helfen, auch schwerste Zeiten im Leben zu ertragen.

Dieses Beispiel kann uns Mut zur eigenen Kreativität machen, auch wenn wir keine begnadeten Künstler wie Paul Klee sind. Das ist ja gerade das Tröstliche in diesem Ausspruch: »So weit es eben geht.« Das Wichtigste ist, diesen Weg zur Quelle überhaupt unter die Füße zu nehmen, und das heißt, sich mehr und mehr mit der eigenen Kreativität vertraut zu machen. Die Beziehung zu unserem Selbst ist die Quelle unserer Kraft; von dort kommen die schöpferischen Impulse, die wir ins Leben einbringen sollten. Achtsam damit umzugehen, was in uns lebendig werden will, stärkt das Selbstwertgefühl. Wenn wir die Werte kennen und schätzen, die wir in uns selbst tragen, haben wir eine Ressource für unser Leben zur Verfügung, auf die wir uns verlassen können.

Das Bild von der Quelle ist ein archetypisches Bild, das in allen Menschen in seinen verschiedensten Bedeutungen wirksam werden kann. In Märchen und Mythen ist die Quelle oft das Ziel der Suchwanderung nach dem Wasser des Lebens. Viele Menschen sind auch in ihren Träumen auf dem Weg zur Quelle unterwegs. Manchmal wird das Bild vom Weg zur Quelle durch eine ganze Serie von Träumen dargestellt, durch die sich das Thema wie ein roter Faden zieht:

»Pilgerträume« nennt Ursula Bernauer ihre Träume, in denen immer wieder ein bestimmter heiliger Ort gesucht, aber zunächst nicht gefunden wird.[92] Nach einer mühsamen Suchwanderung gibt es in einem weiteren Traum eine neue Orientierung: »Ich bin auf dem Weg, der am Gebirgsfluss Gave entlang führt und denke: ›Ich kenne doch den Weg, da bin ich schon mit meinem Bruder gegangen.‹ Später gehe ich barfuß durch das niedere sonnenbeschienene Bett des Flusses selbst, um nach Lourdes zu gelangen. Aber das ist noch weit.« Schließlich wird der eigentliche Suchweg klarer: »Auf diesem Weg am Fluss begegnet mir meine Freundin Rosa, die mir sagt: ›Es geht hier zurück zu den Quellen.‹«[93]

»Dann folgt der entscheidende Traum, wo ich selbst den Fluss aufwärts gehe in großer Gewissheit, dass ich hier richtig bin. Es ist der Weg zur Quelle. Die Traumserie endet dann auch damit, dass ich in einem Brunnenhaus ankomme, hinuntergehe und weiß: ›Das ist wie in Lourdes.‹«[94]

In Lourdes erschien im Jahr 1858 der jungen Bernadette Soubirous mehrmals eine »schöne Dame«, die sich als Heilige Jungfrau Maria zu erkennen gab. Die Quelle in der Grotte soll während einer dieser Erscheinungen entstanden sein; ihr werden Heilkräfte zugeschrieben.

Ursula Bernauer hat in ihrem Buch das Geheimnis von Lourdes aus tiefenpsychologischer Sicht betrachtet – eine ungewöhnliche Perspektive auf die Erscheinungsgeschichte und ihre Symbolik. Dass es nicht einfach war, diese Auseinandersetzung mit einem zutiefst religiösen Thema in Angriff zu nehmen, geht aus ihren Träumen hervor. Es ist faszinierend, wie die Träume beharrlich das Thema verfolgen, um ihr den darin verborgenen Inhalt mehr und mehr bewusst zu machen.

Das archetypische Motiv von der Quelle erscheint von jeher in religiösen und rituellen Symbolen. Den Quellen wohnt eine besondere Kraft inne. Hier ist das Wasser noch rein und klar und deshalb besonders wirksam. Tempel und Kultorte wurden im Glauben an die Reinigungs- und Verwandlungskraft durch das Wasser an Quellen und Brunnen errichtet. Die Quelle als Ursprung aller lebenspendenden Kräfte knüpft im übertragenen Sinne an die Erfahrung der mütterlichen Zuwendung zu Beginn unseres Lebens an, wo wir durch Stillen genährt und umfassend versorgt wurden. Das Bild der Mutter, das wir in unserer individuellen Lebensgeschichte erfahren, wird auf dem Hintergrund der kollektiven Urerfahrung der »Großen Mutter« gebildet, die in uns archetypisch angelegt ist. Das Prinzip der Großen Mutter kann sich in unzählig vielen Gestalten zeigen und ist ein mächtiges mythologisches Symbol, das eine tiefe Schicht des menschlichen Bewusstseins anspricht. Der Bedeutungskern des Archetyps »Mutter« zeigt sich auch in Naturphänomenen, wie z. B. dem Wald, der Höhle, dem Garten oder eben der Quelle. Quellen waren im Altertum bereits Orte von Quellgottheiten und Göttinnen. Im späteren Christentum wurden diese Quellen dann den heiligen Frauen wie Maria, Anna oder Verena geweiht. Auf den Ikonen der orthodoxen Kirche wird Maria als die »Gottesmutter von der lebenspendenden Quelle« dargestellt: Inmitten einer großen kelchförmigen Brunnenschale sitzt Maria mit Jesus auf dem Arm. Wasser fließt aus dieser Quelle in ein Brunnenbecken, zu dem die Menschen strömen und von diesem Wasser schöpfen.

Das Symbol von der Lebensquelle mit der stetig sich erneuernden Lebenskraft ist uns allen zugänglich. Wir sind Teil der Schöpfung; ihre lebendigen Kräfte wirken auch in uns. Im Bild von der Quelle bilden sich Erfahrungen und Erinnerungen unseres Lebens ab, Phasen der Neubelebung und Neuorientierung. Gleichzeitig vermittelt das Symbol aber auch Impulse für neue Entwicklungen. Jeder Mensch hat unbekannte und unentdeckte Ressourcen, die ausgeschöpft und aktiviert werden können. Im Symbol der Quelle zeigt sich das schöpferische Potenzial unserer Psyche: das Selbst. Das Selbst enthält alle Entfaltungsmöglichkeiten, die in einem Menschen angelegt sind; es umfasst die bewussten und die unbewussten Aspekte seiner Persönlichkeit und das Wissen um den Weg, den ein Mensch gehen muss, um zu seiner eigenen individuellen Wesensart zu finden.

Wenn wir schöpferisch tätig sind, sind wir im Kontakt mit diesem lebendigen Kern unseres Wesens, schöpfen wir aus unserer inneren Quelle. Intuitives Malen eignet sich für alle Menschen, es weckt und fördert Kreativität. Vor allem aber macht das Malen Freude, wenn wir uns unbefangen darauf einlassen. Gefühle werden am unmittelbarsten in Form von Bildern sichtbar. Indem wir beim Malen den Gefühlen folgen, ihnen Raum und Gestalt geben, verbessern wir unsere Selbstwahrnehmung und finden Vertrauen in unsere eigenen Kräfte.

Es mag sein, dass bei uns Erwachsenen der Zugang zu unserer Kreativität durch ängstliches Nachdenken und Zweifel zugeschüttet ist. Wir denken, keine Zeit zu haben, um kreativ zu sein. Wir glauben nicht wirklich an unsere eigene Kreativität und meinen, dass nur besondere Menschen über diese Gabe verfügen. Wir versuchen nicht einmal, herauszufinden, worin unsere Kreativität bestehen könnte. Vielleicht haben wir Ideen, setzen sie aber nicht um, weil wir uns nicht zutrauen, sie auszuführen. Die Angst, sich zu blamieren oder Fehler zu machen, macht jede Inspiration zunichte. Schließlich sagen wir: »Wenn ich nicht wirklich etwas Außergewöhnliches zustande bringen kann, mache ich besser gar nichts.« Auf diese Weise laufen wir Gefahr, das Leben zu verpassen. Die schöpferische Quelle kann aber wieder freigelegt werden und in Fluss kommen.

Durch Malen und Gestalten kann jeder einzelne bei sich selbst beginnen und versuchen, seine persönliche Kreativität zu entwickeln. Wir müssen uns innerlich in Bewegung setzen, um den Weg zu unserer schöpferischen Kraftquelle zu gehen. Diese Bewegung ist mit Gestalten verbunden: Wenn wir malen, entsteht der Weg durch regelmäßiges Üben. Unser ganzes Leben kann sich dadurch verändern. Dazu gehört auch, dass wir uns von den kreativen Gestaltungen anderer Menschen inspirieren lassen: Bilder und Skulpturen der darstellenden Kunst, Filme, Geschichten, Märchen oder Musik nähren unsere eigene schöpferische Quelle und lassen neue schöpferische Ideen in uns entstehen.

Wer malt, ist unterwegs zur inneren Quelle und setzt Zeichen. Bilder sind Wegzeichen des Individuationsprozesses. Die Auseinandersetzung mit den Werken der Kunst bewegt uns ebenfalls dahin, mehr und mehr wir selbst zu werden. Der Weg »zurück zu den Quellen« ist ein weiter Weg. Es ist der Weg zu unseren angeborenen Talenten und Begabungen, die immer schon da waren und die darauf warten, entdeckt und entwickelt zu werden. Dieser Prozess verleiht unserem Leben Sinn. Ziel dieser lebenslangen Suche ist es, so vollständig wie möglich zu werden. C. G. Jung betont, dass das keineswegs bedeutet, sich an der Wunschvorstellung der Vollkommenheit zu orientieren: »Niemand ist vollkommen [...]. Niemand kann es sein. Es ist eine Illusion. Das Einzige, was wir tun können, ist, bescheiden danach zu streben, uns selbst zu erfüllen und möglichst vollständige menschliche Wesen zu werden, und das ist schon anstrengend genug.«[95]

Das zu wissen, ist entlastend, denn es trägt dazu bei, sich weniger Sorgen wegen der eigenen Unvollkommenheit zu machen. Und dazu sich mutig auf den Weg zu begeben, die eigenen schöpferischen Fähigkeiten im Leben zu verwirklichen: »So weit es eben geht.«

Anhang

Anmerkungen

1 Vgl. Holm-Hadulla (2005).
2 Vgl. Grube et al. (2005).
3 Maldoom (2006).
4 Vgl. Becker-Textor (2001).
5 Weaver (o. J.).
6 Winnicott (2002).
7 Vgl. Bachmann (1985); Gier (2004).
8 Helen I. Bachmann, Vorlesung im C. G. Jung-Institut, Zürich (2. 2. 07).
9 Vgl. dies. (1985), 78 ff.
10 Beim Ausdrucksmalen nach Arno Stern steht der Malprozess im Mittelpunkt; die Bilder werden nicht kommentiert. Informationen unter: www.arnostern.com; Stern-Malateliers gibt es in Deutschland, Österreich und der Schweiz.
11 Die Untersuchung von Prof. Martin Oswald (Pisa-Studie) zeigt, wie wichtig der Einfluss von schöpferischem Gestalten auch auf die intellektuelle Entwicklung ist: »Verglichen wurde das Textverständnis zweier Schülergruppen. Die eine Gruppe hatte ein Jahr lang gestalterischen Unterricht, die zweite nicht. Die Untersuchung zeigte, dass die Gruppe, die gezeichnet hatte, im Textverständnis 30 Prozent besser war. [...] Man muss bei den Kindern das Kreative fördern, um später gute Forscher zu haben.« (Claudia Schuh, zitiert in: Hark [2006]).
12 Vgl. Gier (2004), 20/21. Renate Gier schildert, wie durch diese Übung die vor- bzw. nachgeburtlichen Raum- und Körpergefühle des Kindes nochmals erfahren werden können, die uns alle lebenslang begleiten.
13 Vgl. Riedel (2006), 17–22.
14 Zitiert in: Walder/Zschokke (2006), 145.
15 Daniel N. Stern (2007) hat dies ausführlich erforscht.
16 Die Höhle von Lascaux/Frankreich kann in einer Nachbildung besichtigt werden. Es gibt Höhlen- und Felsmalerei auf alle Kontinenten. Emmanuel Anati (2002) vermittelt in seinem Buch ein tiefes Verständnis für diese rätselhafte Bilderwelt.
17 Zur Vertiefung empfehlenswert: Campbell (2007).
18 Vgl. Birkenbihl (2000), 205 ff.
19 Vgl. Gier (2004), 25.
20 Jung (1996), 42.
21 Ebd., 41.
22 Jung, GW 5, § 224.
23 Vgl. Kast (2007 a), 54.
24 Vgl. dies. (2003), 118.
25 Jung, GW 13, § 75.
26 In: Afanasjew (1996).
27 Hüther (2004 a).
28 Hüther (2004 b).

29 Verena Kast (2002, 13 ff.) definiert Emotionen als ein komplexes Regulationssystem, durch das wir als Person in Auseinandersetzung mit der Innen- und Außenwelt stehen. Emotion ist der Oberbegriff für Stimmungen (das Basisgefühl unserer Identität), Gefühle (angeborene Tendenzen zum Erleben) und Affekte (heftige Gemütsbewegungen). Ich verwende mehrheitlich den Begriff »Gefühle«; die spezifischen Begriffe benutze ich dann, wenn sie um der genaueren Verständlichkeit willen angebracht sind.
30 Campbell (2007), 101.
31 Hesse, Kurzgefasster Lebenslauf, in: ders. (1984), Band 6, 391 ff.
32 Ebd.
33 Zur Rekonstruktion einer Freudenbiografie vgl. Kast (2002), 55–71.
34 Lüchinger (2005), 35.
35 Kast (2007 a), 40.
36 Jung (2007), 181.
37 Vgl. Cassou (2003).
38 Vgl. Milner (1988), 99.
39 Jung, GW 8, § 171.
40 Lüchinger (2005), 22. Lüchingers Buch enthält viele Anregungen zum Intuitiven Malen.
41 In Fachgeschäften für CDs unter »Meditation«, »Entspannung«, Stressbewältigung« erhältlich.
42 Lüchinger (2005), 38.
43 Vgl. Omlin/Wismer (2000), 71.
44 Itten (2003), 16.
45 Klein (1983), 172.
46 Falls Sie Ihr Wissen über Träume vertiefen wollen, empfehle ich Ihnen folgende Bücher: Jung (2001); Kast (2008); Riedel (2002).
47 Vgl. Asper (1999), 9.
48 Ebd.
49 Vorlesung im C. G. Jung-Institut, Zürich (2. 2. 07).
50 Jung (2007), 178.
51 Kast (2007 a), 54.
52 Königsdorf (2005), 37/38.
53 Ebd.
54 Vgl. Miller (1985) und (2006).
55 Adressen von gut ausgebildeten TherapeutInnen erhalten Sie bei den Berufsverbänden der PsychotherapeutInnen Ihres Landes (siehe »Psychotherapie« oder »Psychotherapeuten-Liste«, bei Google) und den Fachverbänden für Kunst- und Gestaltungstherapie (Google: »Kunsttherapie«).
56 Jung, GW 18, § 409.
57 Ders. (2007), 174.
58 Hundertwasser im Interview, zitiert in: Rand (2003), 37.
59 Vgl. Riedel (1999), 22 ff.
60 Zitiert in: Schuster/Ameln-Haffke (2006), 279 ff.

61 Ebd.
62 Rothko (2001), 23.
63 www.belvedere.at.
64 Becker (2000); vgl. Riedel (1999) und (2002b).
65 Verfasst für: DIE PERSÖNLICHE CHRONIK, 366 individuelle Geburtstagsbücher, 1997. In: Schmied (2002), 1109.
66 Winnicott (1984), 72.
67 Vgl. Griechenland I: Mikis Theodorakis – »Sonne & Zeit«. Schweizer Fernsehen (7. 7. 2007).
68 Vgl. Herrera (1997).
69 Vgl. Jung, GW 9, § 115.
70 Zitiert in: Claus (1986), 62 f.
71 Miller (1985), 22.
72 Jung (1995), 143.
73 Hesse (1973), 436.
74 Müller-Nienstedt (2006), 27.
75 Irma Müller-Nienstedt im Gespräch mit mir am 5. 6. 07.
76 Vgl. Jung (1990), 174.
77 Zitiert in: Schuster/Ameln-Haffke (2006), 279 ff.
78 Jawlensky (2002), 13.
79 Riedel (1999), 20.
80 »Fest der Farbe« (2006), 197.
81 Klüger (1992), 257.
82 Literatur zum Frauenaltar von Sieger Köder: Buchhorn-Maurer (2004).
83 Ausführliche Beschreibung in: Epprecht/Fischer et al. (2002), 28 f.
84 Vgl. Gier (2004), 25/26.
85 Jung (2007), 200.
86 Vgl. den Bericht über die Ausstellung »Das ewige Auge: von Rembrandt bis Picasso« in der Kunsthalle der Hypo-Kulturstiftung, München, in der Abendschau des Bayerischen Fernsehens am 19. 7. 07. (Das Sammlerehepaar Krugier [2007].)
87 Zitiert in: »Fest der Farbe« (2006), 9.
88 Csikszentmihalyi (2000).
89 C. G. Jung, zitiert in: Kast (2007b), 32.
90 Vgl. Reddemann (2003), 52, und (2004), 96. Beide Bücher enthalten gute und erprobte Anleitungen zum Visualisieren und Imaginieren.
91 Klee (2007), 63.
92 Vgl. Bernauer (1995), 131–139.
93 Ebd., 137.
94 Ebd., 138.
95 Jung (1975), 141.

Literatur

Afanasjew, Alexander N. (1996): Russische Volksmärchen. In neuer Übertragung von Swetlana Geier. Winkler, München.

Anati, Emmanuel (2002): Höhlenmalerei. Albatros, Düsseldorf.

Asper, Kathrin (1999): Vom Umgang mit Träumen in der psychotherapeutischen Praxis. In: Analytische Psychologie 30, 1–24.

Bachmann, Helen I. (1985): Malen als Lebensspur. Die Entwicklung kreativer bildlicher Darstellung. Konzepte der Humanwissenschaften. Klett-Cotta, Stuttgart.

Becker, Udo (2000): Lexikon der Symbole. 7. Aufl. Herder, Freiburg.

Becker-Textor, Ingeborg (2001): Kreativität im Kindergarten. Herder, Freiburg.

Bernauer, Ursula (1995): Die schöne Dame von Lourdes. Herder, Freiburg.

Birkenbihl, Vera F. (2000): Das Birkenbihl ALPHA-Buch. Neue Ein-SICHT-en gewinnen und im Leben umsetzen. mvg, Landsberg a. Lech.

Buchhorn-Maurer, Kathrin (2004): Schwestern, Mütter und Prophetinnen. 3. Aufl. Schwabenverlag, Ostfildern.

Campbell, Joseph (2007): Die Kraft der Mythen. Bilder der Seele im Leben des Menschen. Neuaufl. Artemis & Winkler, Düsseldorf.

Cassou, Michele (2003): Point Zero. Entfesselte Kreativität. Kamphausen, Bielefeld.

Claus, Jürgen (1986): Malerei als Aktion. Selbstzeugnisse der Kunst von Duchamp bis Tapies. Ullstein, Berlin.

Csikszentmihalyi, Mihaly (2000): Das Flow-Erlebnis. Jenseits von Angst und Langeweile. Im Tun aufgehen. 8. Aufl. Klett-Cotta, Stuttgart.

Das Sammlerehepaar Krugier (2007). www.br-online.de/bayern-heute/sendungen/abendschau/0707/19-hypokunsthalle.xml.

Epprecht, Katharina/Fischer, Eberhard, et al. (2002): Museum Rietberg Zürich. Museen der Schweiz. Schweizerisches Institut für Kunstwissenschaft, Zürich.

Fest der Farbe (2006). Die Sammlung Merzbacher-Mayer. Von Van Gogh und Picasso zu Kandinsky, Klee. Kirchner und Matisse. Hg. vom Kunsthaus Zürich. DuMont Literatur und Kunst, Köln.

Gier, Renate (2004): Die Bildsprache der ersten Jahre verstehen. Kösel, München.

Griechenland I: Mikis Theodorakis – »Sonne & Zeit«. Dokumentarfilm mit der Sängerin Maria Farantouri und anderen. Schweizer Fernsehen am 7. 7. 2007.

Grube, Thomas /Lansch, Enrique Sanchez (2005): Rhythm is it! You can change your life in a dance class. DVD mit Royston Maldoom und Simon Rattle. Boomtownmedia, Berlin.

Hark, Ulrike (2006): Kinder brauchen unfertige Räume. Interview mit Elisabeth Gaus und Claudia Schuh im *Tages-Anzeiger* vom 20. 5. 06.

Herrera, Hayden (1997): Frida Kahlo. Malerin der Schmerzen: Rebellin gegen das Unabänderliche. S. Fischer, Frankfurt a. M.

Henzler, Christa/Riedel, Ingrid (2003): Malen um zu überleben. Ein kreativer Weg durch die Trauer. Kreuz, Stuttgart.
Hesse, Hermann (1984): Gesammelte Werke in 12 Bänden. Hg. von Volker Michels. Suhrkamp, Frankfurt a. M.
Hesse, Hermann (1973): Gesammelte Briefe. Erster Band 1895–1921. Hg. von Ursula und Volker Michels. Suhrkamp, Frankfurt a. M.
Holm-Hadulla, Rainer M. (2005): Kreativität. Konzept und Lebensstil. Vandenhoeck & Ruprecht, Göttingen.
Hüther, Gerald (2004a): Die Macht der inneren Bilder. Wie Visionen das Gehirn, den Menschen und die Welt verändern. Vandenhoeck & Ruprecht, Göttingen.
Hüther, Gerald (2004b): Die Macht der inneren Bilder. Vortragsreihe bei den Lindauer Psychotherapiewochen.
Itten, Johannes (2003): Kunst der Farbe. Studienausgabe. Subjektives Erleben und objektives Erkennen als Wege zur Kunst. Neuaufl. Urania, Stuttgart.
Jawlensky, Alexej (2002): Meditationen. Hg. vom Städt. Museen Freiburg. Museum für neue Kunst. 22.3.–26. 5. 2002, modo, Freiburg.
Jung, C. G. (1971 ff.): Gesammelte Werke (= GW). 20 Bände. Hg. von Lilly Jung-Merker/Elisabeth Rüf/Leonie Zander u. a. Walter, Olten.
Jung, C. G. (1975): Über Grundlagen der Analytischen Psychologie. Die Tavistock Lectures 1935, S. Fischer, Frankfurt a. M.
Jung, C. G. (1990): Grundwerk. Band 2: Archetyp und Unbewusstes. 4. Aufl. Walter, Olten/Freiburg.
Jung, C. G. (1995): Grundwerk. Band 9: Mensch und Kultur. 4. Aufl. Walter, Solothurn/Düsseldorf.
Jung, C. G. (1996): Grundwerk. 1: Grundfragen zur Praxis. 4. Aufl. Walter, Zürich/Düsseldorf.
Jung, C. G. (2001): Traum und Traumdeutung. dtv, München.
Jung, C. G. (2007): Erinnerungen, Träume, Gedanken von C. G. Jung. Aufgezeichnet und herausgegeben von Aniela Jaffé. 15. Aufl. Sonderausgabe. Walter, Düsseldorf.
Kast, Verena (2002): Freude, Inspiration, Hoffnung. Walter, Düsseldorf.
Kast, Verena (2003): Trotz allem Ich. Gefühle des Selbstwerts und die Erfahrung von Identität. Herder, Freiburg.
Kast, Verena (2007a): Die Dynamik der Symbole. Grundlagen der Jung'schen Psychotherapie. Patmos Paperback, Düsseldorf.
Kast, Verena (2007b): Die Tiefenpsychologie nach C. G. Jung. Kreuz, Stuttgart.
Kast, Verena (2008): Träume. Die geheimnisvolle Sprache des Unbewussten. 4. Aufl. Patmos, Düsseldorf.
Klee, Paul (2007): Form- und Gestaltungslehre, Band 2: Unendliche Naturgeschichte. 2. unveränderte Auflage. Schwabe, Basel 2007.
Klein, Yves (1983): Mon livre. Editions Dilecta, Paris.
Klüger, Ruth (1992): weiter leben. Eine Jugend. Wallstein, Göttingen.

Königsdorf, Helga (2005): Landschaft in wechselndem Licht. Erinnerungen. Aufbau, Berlin.
Lüchinger, Thomas (2005): Intuitiv Malen. Wege zur Kreativität. Zytglogge, Oberhofen.
Maldoom, Royston (2006): Setting people to motion. Vortrag im Rahmen der 56. Lindauer Psychotherapiewochen 2006. www.lptw.de/archiv/vortrag/2006/maldoom.pdf.
Miller, Alice (1985): Bilder einer Kindheit. Suhrkamp, Frankfurt a. M.
Miller, Alice (2006): Bilder meines Lebens. Suhrkamp, Frankfurt a. M.
Milner, Marion (1988): Zeichnen und Malen ohne Scheu: Ein Weg zur kreativen Befreiung. DuMont, Köln.
Müller-Nienstedt, Hans-Rudolf (2006): Verdichtete Spuren. Figuren, Bilder und Objekte von Irma Müller-Nienstedt. Müller-Nienstedt, Kreuzlingen.
Omlin, Sibylle/Wismer, Beat (2000): Das Gedächtnis der Malerei. Ein Lesebuch zur Malerei im 20. Jahrhundert. Verlag der Buchhandlung Walter König, Köln.
Rand, Harry (2002): Hundertwasser, der Maler. Otus, St. Gallen.
Rand, Harry (2003): Hundertwasser. Taschen, Köln.
Reddemann, Luise (2003): Imagination als heilsame Kraft. Zur Behandlung von Traumafolgen mit ressourcenorientierten Verfahren. 9. Aufl. Pfeiffer bei Klett-Cotta, Stuttgart.
Reddemann, Luise (2004): Eine Reise von 1000 Meilen beginnt mit dem ersten Schritt. Seelische Kräfte entwickeln und fördern. Herder, Freiburg.
Riedel, Ingrid (1999): Farben in Religion, Gesellschaft, Kunst und Psychotherapie. Kreuz, Stuttgart.
Riedel, I. (2002a): Lebensträume – Lebensräume. Stufen inneren Wachstums. Herder, Freiburg.
Riedel, Ingrid (2002b): Formen. Tiefenpsychologische Deutung von Kreis, Kreuz, Dreieck, Quadrat, Spirale und Mandala. Kreuz, Stuttgart.
Riedel, Ingrid (2004): Maltherapie. Kreuz, Stuttgart. Überarb. Neuauflage mit Christa Henzler.
Riedel, Ingrid (2006): Sinnerfahrung, Kreativität und Spiritualität im Alter: Erfahrungen aus der Kunsttherapie. In: Psychotherapie Forum 14.1, 17–22.
Rothko, Mark (2001): Katalog d. Ausstellung »Mark Rothko, A consummated experience between picture and onlooker« in der Fondation Beyeler, Riehen/Basel, 2001. Konzeption: Oliver Wick.
Schmied, Wieland (Hg.) (2002): Hundertwasser 1928–2000, Catalogue Raisonné. Vol. II: Fürst, Andrea Christa: Werkverzeichnis. Taschen, Köln.
Schuster, Martin/Ameln-Haffke, Hildegard (2006): Museumspsychologie. Erleben im Kunstmuseum. Hogrefe, Göttingen.
Stern, Daniel N. (2007): Die Lebenserfahrung des Säuglings. 8. Aufl. Klett-Cotta, Stuttgart.
Walder, Elisabeth/Zschokke, Beatrice (2006): Sehreise. In Kindern Malfreude wecken. Haupt, Bern.
Weaver, Richard L. (o. J.): www.zitate.de (Zitat-Nr.: 5526).

Winnicott, Donald W. (2002): Vom Spiel zur Kreativität. 11. Aufl. Klett-Cotta, Stuttgart.
Winnicott, Donald W. (1984): Kreativität und ihre Wurzeln – Das Konzept der Kreativität. In: Hartmut Kraft (Hg.): Psychoanalyse, Kunst und Kreativität heute. Die Entwicklung der analytischen Kunstpsychologie seit Freud. DuMont, Köln.

Zitatnachweis

7, 156 Aus: Paul Klee (2007): Form- und Gestaltungslehre, Band 2: Unendliche Naturgeschichte. 2. unveränderte Auflage. Schwabe, Basel 2007, S. 63.
104 Friedensreich Hundertwasser. © Hundertwasser Archiv, Wien.

Bildnachweis

34 Die Steinzeitmenschen und ihre bildnerischen Gestaltungen. © 2007 Mo Richner, Atelier für Illustration und Gestaltung, Birrwil/Basel. www.schriftbildform.ch.
38 Modell der Psyche nach dem Konzept der Jung'schen Psychologie. © 2007 Harald Blanck, Stern Infografik, Hamburg.
49 Aufbau und Organisation des menschlichen Gehirns. © Tony Graham / Getty Images.
101 Die ganzheitliche Betrachtungsweise – Mit dem Bild im Dialog. © 2007 Linda Briendl, Baden/CH.
106 Alberto Giacometti: Le Chariot. © VG Bild-Kunst, Bonn 2008. Skizze: © Linda Briendl, Baden/CH.
Bild 1a/1b Bilder von Aline.
Bild 2 Traum von der Gelbbauchunke. Bild einer Patientin.
Bild 3 Intuitives Malen. Bild der Teilnehmerin einer Malgruppe.
Bild 4 Die Farben des Lebens. Collage einer Lehranalysandin.
Bild 5 Friedensreich Hundertwasser: (224) Der große Weg, 1955. © Hundertwasser Archiv, Wien.
Bild 6 Irma Müller-Nienstedt: Oben-ist-unten-ist-oben, 1993. © 2007 Irma Müller-Nienstedt, Kreuzlingen.
Bild 7 Alexej von Jawlensky: Dunkelblauer Turban (Helene mit dunkelblauem Turban), 1910. © VG Bild-Kunst, Bonn 2008. Foto: © Werner und Gabrielle Merzbacher Foundation, Küsnacht.
Bild 8 Shiva Nataraja, Indien, Tamil Nadu, Meistergießer der Thanjavur-Gegend, imperialer Chola-Stil, um 1050, Bronze, H. 82,5 cm. Geschenk Eduard von der Heydt. © 2007 Museum Rietberg Zürich. Foto: Rainer Wolfsberger.